알뜰한 살림을 위한
더 맛있고 오래 가는

식품
보존
방법

도쿠에 지요코 감수
전 도쿄농업대학 교수 · 박사(농예화학)

김선숙 옮김

〈들어가는 말〉

주말에 한꺼번에 시장을 봐도 식품보존 걱정 없다!

여러분은 각 식품을 잘 보존하여 낭비 없이 맛있게 먹고 있는지요?

이 책은 식재료의 신선도를 유지시키면서 오래 보존할 수 있는 식품 보존 기술을 다룬 것입니다. 식재료 175 가지의 보존 방법, 냉동식품을 잘 해동시키는 방법, 식재료에 함유되어 있는 영양성분과 효능, 식재료가 가장 맛있는 제철, 식재료를 안전하게 먹기 위한 씻는 방법 등의 정보를 모았습니다.

주방 한편에 두고 흥미 있는 식재료부터 펼쳐 보세요. 식재료를 구입하기 전이나 요리하는 틈틈이 보면 많은 정보를 얻을 수 있을 것입니다. 낭비 없는 경제적인 식생활과 즐거운 식품보존 생활을 하는 데 이 책이 도움이 되면 좋겠습니다.

도쿠에 지요코(德江 千代子)

차례

이 책을 사용하는 법 ·············· 8

PART 1
식품 보존의 기본

식품 보존의 기본 ①
식재료가 상하는 원인을 알아둔다 ········ 10

식품 보존의 기본 ②
재료에 적합한 보존법을 알아둔다 ········ 12
1. 상온 보존 / 2. 냉장 보존
3. 냉동 보존 / 4. 말린다 / 5. 절인다

COLUMN
식품 보존에 필요한 도구 ············ 20

PART 2
채소·과일의 보존법

채소·과일의 보존 철저 검증 ①
당근의 보존, 어느 쪽이 옳지? ·········· 22

채소·과일의 보존 철저 검증 ②
생강의 보존, 어느 쪽이 옳지? ·········· 24

햇양파의 보존, 어느 쪽이 옳지? ········ 25

채소·과일의 특징을 알자 ①
보존법이 다른 건 왜지? ············ 26

채소·과일의 보존 철저 검증 ③
토마토의 보존, 어느 쪽이 옳지? ········ 28
단단한 키위의 보존, 어느 쪽이 옳지? ····· 29

채소·과일의 특징을 알자 ②
저온 장해와 에틸렌 가스가 뭐지? ········ 30

채소·과일의 보존 철저 검증 ④
잎채소의 보존, 어느 쪽이 옳지? ········ 32

양배추의 보존, 어느 쪽이 옳지? ········ 33

채소·과일의 특징을 알자 ③
싸는 방법과 주머니에 넣는 법 ·········· 34

채소·과일의 보존 철저 검증 ⑤
채소의 냉동, 어느 쪽이 옳지? ·········· 36

채소·과일의 특징을 알자 ④
채소의 냉동 보존법 ··············· 38

잎채소
양배추 ······················· 40
소송채 ······················· 42
쑥갓 ························ 44
청경채 ······················· 46
부추 ························ 48
배추 ························ 50
시금치 ······················· 52
경수채 ······················· 54
모로헤이야 ···················· 55
양상추 ······················· 56

열매·줄기 채소
아스파라거스 ···················· 58
풋콩 ························ 60
누에콩 ······················· 61
오크라 ······················· 62
호박 ························ 64
콜리플라워 ···················· 66
오이 ························ 68

여주 · 70
청대 완두 · 72
강낭콩 · 73
셀러리 · 74
다다기호박 · · · · · · · · · · · · · · · · · · 76
옥수수 · 77
양파 · 78
토마토 · 80
가지 · 82
피망·파프리카 · · · · · · · · · · · · · · · · 84
브로콜리 · 86

뿌리채소

순무 · 88
우엉 · 90
무 · 92
당근 · 94
연근 · 96

감자류·버섯·기타

고구마 · 98
토란 · 100
감자 · 102
참마 · 104
버섯 · 106

COLUMN

냉동채소를 얼린 채로 요리에
　활용해 보자 · · · · · · · · · · · · · · · 113
마늘 · 114
생강 · 116
파 · 118
숙주나물 · · · · · · · · · · · · · · · · · · · 120

과일

아보카도 · · · · · · · · · · · · · · · · · · · 122
딸기 · 124
오렌지 · 126
레몬 · 128
키위 · 131
자몽 · 132
수박 · 133
바나나 · 134
멜론 · 135
귤 · 136
사과 · 138

COLUMN

양배추 심에 밀가루를 발라놓으면
　정말 오래가나? · · · · · · · · · · · · · 140

PART 3
육류·어패류의 보존법

고기·어패류의 보존 철저 검증 ①
고기 보존, 어느 쪽이 정답?(냉장편) · · · · · · 142

고기·어패류의 보존 철저 검증 ②
고기 보존, 어느 쪽이 정답?(냉동편) · · · · · · 144

고기·어패류의 보존 철저 검증 ③
고기 보존, 어느 쪽이 정답?(냉동편) · · · · · · 146

고기·어패류의 특징을 알자 ①
고기의 냉장·냉동 보존의 기본 · · · · · · · · · · 148

고기·어패류의 보존 철저 검증 ④
어패류 보존, 어느 쪽이 옳지?(냉장편) · · · · · 150

고기·어패류의 보존 철저 검증 ⑤
생선 보존, 어느 쪽이 옳지?
　(냉동편) · 152

고기·어패류의 특징을 알자 ②
어패류의 냉장·냉동 보존의 기본 ········· 154

고기·어패류의 보존 철저 검증 ⑥
햄버그 스테이크의 보존, 어느 쪽이 옳지? 156
연어 토막으로 보존, 어느 쪽이 옳지? ····· 157

냉동 중에 일어나는 변화를 알자
가열 후 냉동하면 왜 맛이 없지? ·········· 158

돼지고기 ······································· 160
닭고기 ·· 164
쇠고기 ·· 168

COLUMN
식품 보존의 과학(1)
유통기한의 비밀 ···························· 171

간 ··· 172
갈거나 저민 고기 ···························· 174
육류 가공품 ·································· 176

COLUMN
식품 보존의 과학(2)
왜 식중독에 걸리지? ······················· 179

생선 ··· 180

COLUMN
해조류의 보존 ······························· 183

토막낸 생선 ·································· 184
생선회 ·· 188
오징어 ·· 190
새우 ··· 192
가리비 ·· 194
바지락 ·· 196

가막조개 ····································· 196
장어 구이 ···································· 198
뱅어 ··· 199
이크라(연어나 송어의 알) ················ 200
명란젓 ·· 201

COLUMN
새우튀김은 튀기기 전에 냉동하는가,
　　튀긴 후에 하는가? ····················· 202

PART 4
달걀·유제품·콩제품·가공품의 보존법

달걀·유제품·콩 제품의 보존 철저 검증 ①
달걀의 보존, 어느 쪽이 정답? ············ 204

달걀의 특징을 알자
달걀의 보존법 ······························· 206

달걀·유제품·콩 제품의 보존 철저 검증 ②
생크림의 보존, 어느 쪽이 정답? ········· 208

두부의 보존, 어느 쪽이 정답? ············ 209

유제품의 특징을 알자
생크림의 보존법 ····························· 210

두부 보존법 ·································· 211

달걀 ··· 212
치즈 ··· 214
요구르트 ····································· 217
우유 ··· 218
생크림 ·· 219

버터 · 220
마가린 · 220
두부 · 222
기름에 튀긴 두부, 유부 · · · · · · · · · 224
낫토 , 두유, 얼린 두부 · · · · · · · · · · 226
어묵 · 228
곤약 · 231

COLUMN

쿠키 반죽은 냉동? 냉장? · · · · · · · · · 232

PART 5
주식 및 기타 식품의 보존법

쌀, 잡곡, 밥 · 234
면(국수) · 236
빵 · 240
시리얼 · 241
건물(마른 식품) · · · · · · · · · · · · · · · · · 242
허브 · 244
가루, 찻잎, 기타 · · · · · · · · · · · · · · · · 246
조미료 · 248

찾아보기 · 252

이 책을 사용하는 법

- 찾아보기(P.252~255)를 참고해서 알고 싶은 식재료를 찾아보자.
- 식용기한과 보존법을 한눈에 알 수 있으며, 식재료의 제철, 영양성분, 신선도 감정 방법 등을 알기 쉽게 설명했다.
- 맛있게 오래 보존하기 위한 [냉장] [냉동] [상온] [절인다] [말린다] 등, 특히 권할 만한 보존법을 자세히 소개했다.
- 보존 기간은 원칙적인 기준이다. 주거환경·계절·실내온도·습도 등의 조건에 따라 달라질 수가 있다.

제철
알아두면 도움이 되는 그 식재료의 가장 맛있는 계절을 소개했다.

한눈에 알 수 있는 보존방법
적당한 보존방법은 ○, 적당하지 않은 보존방법은 ×로 표시했다.

고르는 법
신선하고 맛있는 것을 고르기 위한 포인트를 설명했다.

보존 기간, 식용기한(食用期限), 소비기한
가공식품은 식용기한, 상하기 쉬운 식품은 소비기한, 그 이외는 권할 만한 보존기간을 표시했다.

영양 성분
건강관리에 도움이 되는 식재료에 함유되어 있는 영양 성분과 효능을 기재했다.

칼럼
알아두면 도움이 되는 토막 지식을 소개했다.

안심 포인트
걱정이 되는 잔류 농약이나 유해물질 제거법 등을 기재했다.

보존 기간
냉장, 냉동 등의 보존 기간을 표시했다. 상온은 여름철 이외에 해당된다.

올바른 해동법
식재료를 냉동 보존했을 때, 실패하지 않는 해동 방법을 소개했다.

PART 1

\완전 마스터!/
식품 보존의 기본

식재료를 오래 보존하기 위해서는 지금까지 하던 보존법을 체크할 필요가 있다. 모든 식재료의 신선도를 유지하면서도 오래 보존하는, '상식을 뒤엎는 식품 보존법'을 소개한다.

Basics of food preservation

식재료가 상하는 원인을 알아둔다

식재료가 상하는 원인은 다양하다. 식재료를 보존할 때는
적당한 온도와 적합한 환경을 알고, 제대로 보존하는 것이 중요하다.

1 온도와 습도가 다르다.

습도
습도가 높고 무더우면 상하기 쉬운 식재료가 많다.

온도
식재료에 따라서는 고온에 약한 것과 저온에 약한 것이 있으므로 주의해야 한다.

에틸렌 가스
채소와 과일에서 방출되어 숙성을 촉진하는 가스로, 완숙과 노화를 촉진한다.

산소
공기에 접촉하면 산화되어, 미생물이 증식하므로 상하는 속도가 빨라진다.

효소
효소에 의해 곰팡이나 여러가지 미생물이 증식하기 때문에 상하기 쉽다.

미생물
식품에 함유되어 있는 미생물이 효소나 산소에 의해 증식되어, 식품을 변패시킨다.

햇빛
식재료는 직사광선 등의 빛에 의해 변색하며 빨리 상한다.

적절한 환경에서 보존할 것

모처럼 신선한 식재료도 보존 방법이나 보존 장소가 잘못되면 즉시 상하기 시작한다. 온도나 습도·산소·미생물·에틸렌 가스·효소, 햇빛 등 상하게 하는 원인은 다양하다. 키친타월이나 랩을 사용해 균이 증식하지 않는 적절한 환경에서 보존하면 신선도를 유지하며 장기간 보존할 수 있다.

식품 보존의 기본 ①

2 상하게 하는 원인을 배제하는 것이 보존의 기본

보존 직전에 부패를 막는다.

식재료를 보존하는 데 적온과 적소가 있다는 것을 이해했다면 다음 단계로 넘어가겠다. 균의 번식을 막기 위해서는 식재료에서 나오는 여분의 수분을 제거해야 한다. 또한 산화 방지를 위해서는 공기와 접촉하지 않도록 랩으로 싸거나 소금 등으로 간을 해 두는 등 손질해 둘 필요가 있다. 식재료가 상하는 원인을 막아 맛있게 보존하는 방법을 익혀보자.

상하게 하는 원인을 제거하려면···

① 수분을 제거한다.
식재료에 따라서는 잘 씻어야 하는 것도 있지만, 씻지 않고 키친타월로 더러운 부분을 닦아내야 하는 것도 있다. 여분의 수분도 키친타월로 잘 닦아낸다.

② 산소를 제거한다.
공기에 접촉하지 않도록 랩으로 잘 싸서 공기를 뺀다. 냉장 보관 시에는 그 후 비닐봉지에 넣는다. 냉동의 경우는 냉동용 지퍼백에 넣어 보관한다.

③ 식히거나 서늘한 곳에 보존한다.
식재료의 특징에 따라 냉장실이나 냉동실, 냉암소(적온 적소)에 보존한다. 보존할 때는 키친타월이나 신문지에 싸서 보존하는 등 식재료에 맞는 방법을 택해야 한다.

④ 소금을 뿌려두거나 식초에 절인다.
상하지 않게 하기 위해서는 식재료에 따라 소금을 뿌려 두거나 식초에 담그거나 밑간을 한 다음 보존해야 하는 것도 있다. 보다 오랫동안 유지하기 위해서 미리 조치를 해 두는 것이 중요하다.

PART 1 | 식품 보존의 기본

재료에 적합한 보존법을 알아둔다

식재료 보존의 포인트는 적당한 온도와 적합한 곳에서 보존하는 것이다.
'상온', '냉장', '냉동', '말린다', '절인다' 등과 같은 보존법을 적절하게 활용해 보자.

1 상온 보존

어떤 식재료에 맞는 것인지?

감자, 흙 묻은 뿌리채소, 저온에 약한 채소와 과일 등.

차고 어두운 냉암소라면 어느 정도?

14℃ 이하
통풍이 잘되고 직사광선이 들지 않는 서늘한 곳

상온이라면 어느 정도?

15~25℃
직사광선이 닿지 않고 습기가 많지 않은 곳

상온 보존도 계절에 따라 주의가 필요하다

상온이란 15~25℃를 가리키며, 직사광선이 들지 않고 습기가 많지 않은 장소를 말한다. 기본적으로 감자류나 흙이 묻은 뿌리채소 등은 상온 보존이 가능하다. 그 외에 저온 장애를 일으키기 쉬운 토마토나 오이 등도 상온에서 보존하는 것이 좋지만, 장마나 여름철 등 계절에 따라서는 빨리 상할 수 있으므로 채소실에 보존해야 한다.

식품 보존의 기본 ②

상온 보존 포인트
POINT

수분을 닦아내고 건조 방지를 위해 키친타월이나 신문지로 싼 다음, 골판지 상자나 바구니에 넣어 냉암소나 통풍이 잘되는 곳에 보존한다.

골판지 상자에 넣는다.

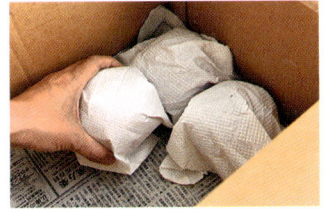

골판지 상자에 신문지를 깔고 사과 등을 키친타월 또는 신문지로 싸서 늘어놓는다.

감자류 등은 위에 신문지를 덮어 보존한다. 뚜껑은 덮지 않는다.

세워둔다.

대파나 우엉은 신문지에 싼 다음 종이봉투에 넣어 세워서 보존한다.

골판지 상자에 대파나 우엉 등 길쭉한 채소를 세워 보존한다.

매달거나 바구니에 넣는다.

마늘이나 양파는 망에 넣어 매단다. 바나나는 갈고리에 걸어 둔다.

토마토, 가지 등은 신문지나 키친타월에 싸서 바구니에 넣는다.

습기에 약한 채소는 신문지에 싸서 보존한다

상온에서 보존하는 채소는 여분의 수분을 닦고, 건조를 막기 위해 신문지나 키친타월에 싸서 직사광선을 피해 냉암소에 보존하는 것이 기본이다. 냉암소란 옛날 가옥의 부엌이나 마루 아래 등 14℃ 이하를 유지하는, 집 안에서 가장 서늘한 곳을 말한다. 요즘은 냉암소가 있는 집이 드물기 때문에 감자류나 흙이 묻은 뿌리채소류는 채소실에 보존하는 것이 가장 적합하다.

PART 1 | 식품 보존의 기본

2 냉장 보존

어떤 식재료에 맞는지?

시금치나 소송채(小松菜), 양상추 같은 잎채소, 버섯류, 햇양파, 씻은 당근, 씻은 우엉 등

+

고기 · 생선

달걀 · 두부

냉장보존은 4종류

냉장실
0~5℃

푸른잎 채소나 버섯류 등 5℃ 전후의 보존 온도에 적합한 식재료.

채소실
5~10℃

여름 채소 등 저온 상해를 일으키기 쉬운 채소나 과일.

저온냉장실
0℃

신선도는 유지하고 싶지만 얼리고 싶지 않은 식재료.

부분(파셜)실
-3℃

고기, 어패류 등 신선식품 신선 보존 효과가 크다.

신선식품의 균을 억제해 식품의 위생을 유지한다.

냉장고는 기본적으로 10℃ 이하에서 보존이 필요한 식재료를 보존한다. 세균의 번식을 막고 식품의 위생을 유지하기 위해 부분에 따라 온도 설정도 다르다. 고기나 생선 등 신선식품은 저온냉장실이나 부분실에 보존하고, 저온 장해를 일으키는 채소는 채소실에, 잎채소나 버섯류·유제품·달걀은 냉장실에 보존하는 등 그 식재료에 적합한 환경에서 보존하는 것이 무엇보다 중요하다.

식품 보존의 기본 ②

냉장 보존 포인트 POINT

식재료에 적합한 곳에 보존한다. 저온 장해를 일으키기 쉬운 것은 키친타월 등으로 싼다. 에틸렌 가스에 의한 손상에도 주의해야 한다.

마른 키친타월로 싼다.
≫

마른 키친타월로 싸면 채소에서 나오는 수분을 빼주므로 쉽게 물크러지지 않는다.

냉장 보존 시에는 가볍게 입구를 봉한다.
≫

건조하지 않도록 또는 에틸렌 가스의 영향을 받지 않도록 봉지 입구를 가볍게 봉한다.

수분을 확실히 빼고 나서 냉장.
≫

상하지 않도록 특히 고기와 생선은 키친타월로 수분을 확실히 닦아낸 뒤 보존한다.

고기와 생선류를 오래 보존하려면…

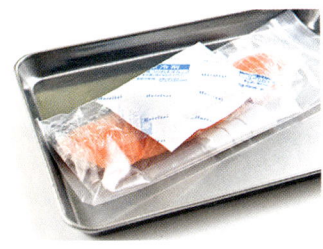

보냉제를 올려 냉장
열전도율이 높은 금속 쟁반에 담아 보냉제를 올려놓으면 보다 빨리 차가워진다.

냉장고에 넣기 전에 손질해 신선도를 유지시킨다.

냉장고 안에는 각기 다른 식재료가 모여 있기 때문에 세균이 번식하기 쉬운 환경이기도 하다. 마른 키친타월 또는 신문지로 싸거나, 건조 방지를 위해 비닐봉지에 넣거나, 여분의 수분을 잘 닦는 등 손질을 해둔다. 비닐봉지나 키친타월·신문지·랩·밀폐용기·보냉제 등을 잘 활용하는 것이 포인트이다.

PART 1 | 식품 보존의 기본

3 냉동 보존

 적합하지 않는 식재료는 뭘까?

잎채소·두부·곤약·감자·우유 등.

 두부
식감이 변해 버리지만 끓이거나 볶는 요리에 사용하는 것은 괜찮다.

냉동 보존 POINT

1 신선한 상태에서 재빨리 얼린다.
신선도가 떨어지기 전에 금속 쟁반 등을 사용해 급속 냉동시키는 것이 가장 좋다. 냉동용 지퍼백 안의 공기는 확실히 뺀다.

2 소금을 뿌리거나 끓여 재빨리 얼린다.
소금을 뿌리거나 가열 처리해 수분을 뺀 다음 냉동하여 세포 파괴를 막는다. 간단한 손질로 식감이나 영양가를 유지할 수 있다.

가정용 냉동실의 특징을 파악하여 제대로 냉동한다.

가정용 냉동실의 온도는 -18°C이다. 식재료의 신선도가 떨어지기 전에 급속 냉동시키려면 냉동용 지퍼백에 식재료를 넣고 확실히 공기를 빼야 한다. 왜냐하면 공기는 열전도율을 떨어뜨리는 역할을 하기 때문이다. 또한 공기를 빼서 밀폐해야 건조와 산화를 막을 수 있다. 금속 쟁반에 올려두면 열전도율이 높아져서 신속하게 냉동할 수 있다.

식품 보존의 기본 ②

이렇게 하면 오래간다!

냉동 보존 요령

냉동 보존은 손질이 중요하다.
가열 처리(살짝 데치거나 삶는다)하거나, 얼음물에 담그거나, 소금이나 간장으로 밑간을 하는 등 식재료에 따라 궁리해보는 것이 좋다.

가열 처리(p.38)

살짝 삶거나 찌면 변색을 막을 수 있으며, 냉동 내성을 높일 수 있다.

얼음막을 만든다.

얼음물에 적셨다가 랩에 싸서 냉동하면 표면에 얼음막이 생겨 산화 방지가 된다.

밑간 냉동

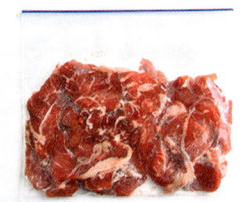

소금이나 간장으로 밑간을 한다. 고기 등은 해동 시 발생하는 물기를 억제할 수 있다.

해동 요령

안전하고 맛있게 먹기 위해서는 적절한 온도와 방법으로 해동하자. 한 번 해동한 것을 재냉동해서는 안 된다.

자연 해동

기본은 냉장실 안에서 천천히 해동
고기나 생선 등에 적합한 방법이다. 해동하는 데 6~8시간 정도 걸리기 때문에, 소요 시간을 예상해 준비할 필요가 있다.

흐르는 물에 해동

고기나 어패류 등 시간이 없을 때
냉동용 지퍼백에 수돗물이 들어가지 않도록 주의한다. 해동하는 데 30분 정도 소요된다.

전자레인지 해동

채소 등 시간이 없을 때
전자레인지에 해동할 때는 너무 가열되지 않도록 주의하면서 해동 모드 또는 '약'으로 가열한다.

PART 1 | 식품 보존의 기본

4 말린다

적합한 식재료와 계절은?

수분이 적은 뿌리채소류·과일·채소·버섯류

겨울 ○
습도가 낮고 추위도 활짝 갠 날에는 건조하기 좋다.

여름 △
즉시 수분이 증발하는 날이 좋다. 습도가 높고 흐린 날은 피한다.

말리는 POINT

1. 소쿠리에 펼쳐 말린다.

소쿠리에 펼쳐 말린다. 채소 등은 껍질째 적당한 크기로 자른 다음, 소쿠리에 펼쳐놓고 통풍이 잘되는 곳에서 말린다.

2. 오븐에 건조시킨다.

얇게 썬 채소를 오븐 시트를 깐 구이판에 펼쳐놓고 저온에서 약 1시간 가열한다.

수분을 증발시켜 보존성을 높인다

채소와 과일은 말리면 수분이 증발해 응축되기 때문에 향과 식감이 좋아진다. 말릴 때는 실내에서 건조시켜도 좋고 오븐에서 건조시켜도 좋다. 말리거나 건조시킨 후에는 지퍼백이나 병 등 밀폐용기에 넣어 냉장실에서 보존한다. 사용할 때는 물에 담가 두었다가 요리하면 된다. 떫은맛이나 쓴맛이 강한 것은 살짝 데쳐서 사용한다.

식품 보존의 기본 ②

5 절인다

적합 식재료는?

배추와 무·오이·순무·양배추·당근·가지 등과 같은 채소. **+** 고기·생선 / 달걀·두부

종류

소금 절임	된장 절임	식초 절임	오일 절임

소금에 절이면 장기 보존할 수는 있으나 소금 분량에 주의해야 한다.	고기나 생선뿐 아니라 채소나 치즈 등을 절여도 맛있게 보존할 수 있다.	취향에 따라 식초의 양을 조절해 단식초 절임이나 피클, 매실 절임을 한다.	간이나 굴 등 오래 보존하기 어려운 식재료는 가열한 후 오일에 담근다.

좋아하는 조미료에 담가 보존성을 높인다

식재료를 담가 두면 좀 더 오래 보존할 수 있다. 채소뿐만 아니라 고기나 생선도 맛있게 보존할 수 있고 요리할 때도 편리하다. 식재료를 담그기 전에 할 일은 신선한 식재료를 골라 수분을 잘 닦는 것이다. 그 다음에는 취향에 맞는 조미료에 담가두기만 하면 된다. 냉장, 냉동 외에 식재료에 따라 상온 보존도 가능하므로 바람직한 상태로 잘 보존하자.

COLUMN

식품 보존에 필요한 도구

식재료의 건조와 산화를 막아주고, 온도와 습도를 유지해 주는 식품 보존에 없어서는 안 되는 아이템 몇 가지를 소개한다.

신문지 & 키친타월
온도와 습도를 조절하거나 여분의 수분을 닦을 때 사용한다.

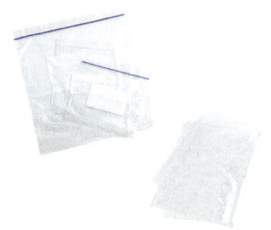

냉동용 지퍼백 & 비닐봉지
식재료의 특징과 보존 목적에 맞춰 구분해 사용한다. 밀봉이 되는 우수한 만능 아이템이다.

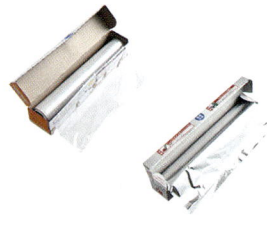

랩 & 알루미늄 포일
냉장이나 냉동할 때 식재료를 싸는 도구이다. 식재료를 싸두면 신선도를 유지할 수 있다.

보존 용기
밀폐가 가능해서 다른 식재료의 냄새가 배는 것을 막아 준다. 크기도 다양해서 사용하기 편리하다.

소쿠리 & 바구니
소쿠리는 말릴 때, 바구니는 채소 등의 상온 보존 용기로 사용하면 편리하다.

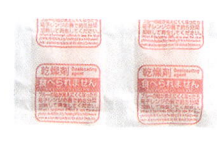

건조제/탈산소재
시리얼이나 조미료, 마른 식품 등과 함께 병 등에 넣어 식품이 건조되는 것을 방지한다.

PART 2

\ 오랫동안 맛있게! /

채소·과일의
보존법

채소와 과일은 영양의 보물창고이다. 신선할 때 먹는 것이 가장 좋지만, 각각의 특성을 알고 보존하면 오래 맛있게 먹을 수 있다. 이 장에서는 "알아두면 도움 되는 보존법"을 소개한다.

Preservation technique of vegetables and fruits.

PART 2 | 채소·과일 보존법

Q >>> 당근의 보존, 어느 쪽이 옳지?

A 상온 보존

〈보존법〉
당근을 신문지에 싸서 통풍이 잘되는 곳에 보존한다.

3주 후

쭈글쭈글…

NG!

수분이 빠져 쭈글쭈글해졌다.
곰팡이가 생긴 것도 있다.

**뿌리채소이기 때문에
상온 보존은 옳지 않다.**

뿌리채소류는 냉장실에 보존하면 저온 장애를 일으키기 쉬우므로 상온에서 보존해야 한다. 하지만, 그 종류나 계절에 따라서 즉시 상해 버리는 것도 있다. 당근은 가을~겨울 채소이기 때문에 겨울철에는 상온에서 보존해도 되지만, 여름철이나 씻은 당근은 상하기 쉽다. 또한 습도가 높으면 흰 뿌리가 나와 맛이 떨어지므로 습도에도 주의해야 한다.

채소 · 과일의 보존 철저 검증 ①

B 냉장실에서 보존

〈보존법〉
당근을 한 개씩 신문지에 싸서 비닐봉지에 넣고 냉장실에 세워서 보존한다.

3주 후

이쪽이 오래간다!

OK!

주름과 거무스름한 부분이 조금 있긴 하지만 문제는 전혀 없다.

냉장실에 세워 보존하면 장기 보존이 가능.
당근을 보존할 때의 적정 온도는 0℃ 이상, 습도는 90~95% 이므로 기본적으로는 냉장실에 보존한다. 냉장보존할 때는 습기에 의해 상하지 않도록 수분을 흡수하는 신문지로 싼 후 비닐봉지에 넣어 세워서 보존한다. 다소의 주름은 생기지만 대부분 충분히 맛있게 먹을 수 있다. 특히 여름철 상온 보존은 피하도록 하자.

PART 2 | 채소·과일 보존법

Q >>> 생강의 보존, 어느 쪽이 옳지?

A 상온 보존

〈보존법〉
신문지에 싸서 통풍이 잘되는 곳에 보존.

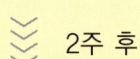 2주 후

○
껍질도 반들 반들한 상태.

／이쪽이 오래간다!＼

B 채소실에서 보존

〈보존법〉
키친타월로 싸서 비닐봉지에 넣어 채소실에서 보존.

2주 후

△
거무스름하고 주름이 많다.

／껍질도 반들반들한 상태.＼

생강은 통풍이 잘되는 곳에 보존하는 것이 최고

생강을 보존하기 가장 적합한 온도는 14℃, 습도는 65%이며, 저온에서 보존하는 것은 좋지 않다. 건조에 약하기 때문에 신문지 또는 키친타월로 싸서 통풍이 잘되는 냉암소에 보존하는 것이 좋다. 껍질 부분이 약간 건조해도 속이 깨끗하면 문제는 없다. 채소실에서 보존한 것은 표면이 미끈미끈하거나 물기가 많다. 곰팡이가 생길 수도 있으므로 주의해야 한다.

채소·과일의 보존 철저 검증 ②

Q》》》 햇양파의 보존, 어느 쪽이 옳지?

A 상온 보존

〈보존법〉
신문지에 싸서 통풍이 잘되는 곳에 보존.

≋ 1주 후

NG!

껍질이 미끄럽고 축축해져 있다. ✕

／빨리 상하기 시작한다!＼

B 냉장실에서 보존

〈보존법〉
신문지에 싼 다음 비닐봉지에 넣어 냉장실에 보존.

≋ 1주 후

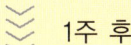

사각사각한 느낌 그대로다! ○

／이쪽이 오래간다!＼

양파와 햇양파는 보존하는 곳이 다르다.

양파는 통풍이 잘되는 냉암소에 매달아 두는 등 상온 보존이 기본이지만, 아직 부드러운 햇양파는 상온 보존에 적합하지 않다. 햇양파는 수분이 많아 상하기 쉬우므로 상온에서 보존하면 금방 껍질이 축축하고 미끄럽게 된다. 햇양파는 냉장실에서 보존하는 것이 좋다. 다만, 습도에 의해 상하는 것을 막기 위해 수분을 흡수하는 신문지에 싼 다음 비닐봉지에 넣어 보존한다.

PART 2 | 채소·과일 보존법

같은 채소인데도 보존법이 다른 건 왜지?

채소는 각기 풍미와 식감이 다르다.
그 채소가 갖고 있는 특징에 따라 보존하지 않으면 상하기 쉬우므로 주의해야 한다.

1 오래 가는 채소 VS 상하기 쉬운 채소

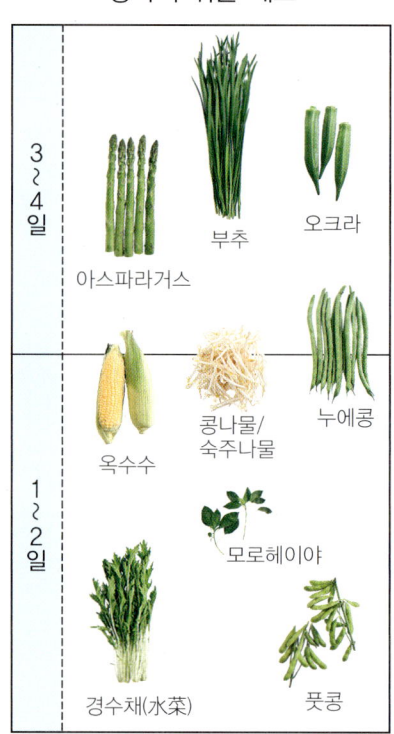

채소를 보존하기 전에 알아야 할 것

채소(뿌리채소류·잎채소·줄기채소·과채류·화채류)·버섯류·콩 등은 각각 다른 특징이 있는 것처럼 보존 요령도 각각 다르다. 감자처럼 수분이 적은 것은 일반적으로 오래 가는 것으로 알려져 있으나 수분이 많은 콩나물·숙주나물 등은 오래 보존할 수 없다. 채소를 잘 보존하려면 그 채소의 특징을 알아야 한다.

채소·과일의 특징을 알자 ①

2 채소가 좋아하는 온도와 습도가 있다!

채소에 적합한 환경에서 보존하는 것이 중요하다.

채소를 보존할 때 중요한 것은 온도와 습도이다. 그 채소의 특징에 맞는 환경에서 보존해야 신선도를 유지할 수 있다. 냉장보존에 적합하지 않는 채소, 저온 장해를 일으키기 쉬운 채소 등을 구분해 보존해야 한다. 보존에 적합한 온도가 0~5℃라면 냉장실에, 10℃ 전후라면 채소실 또는 냉암소 등 채소가 좋아하는 온도와 습도를 확인해야 한다.

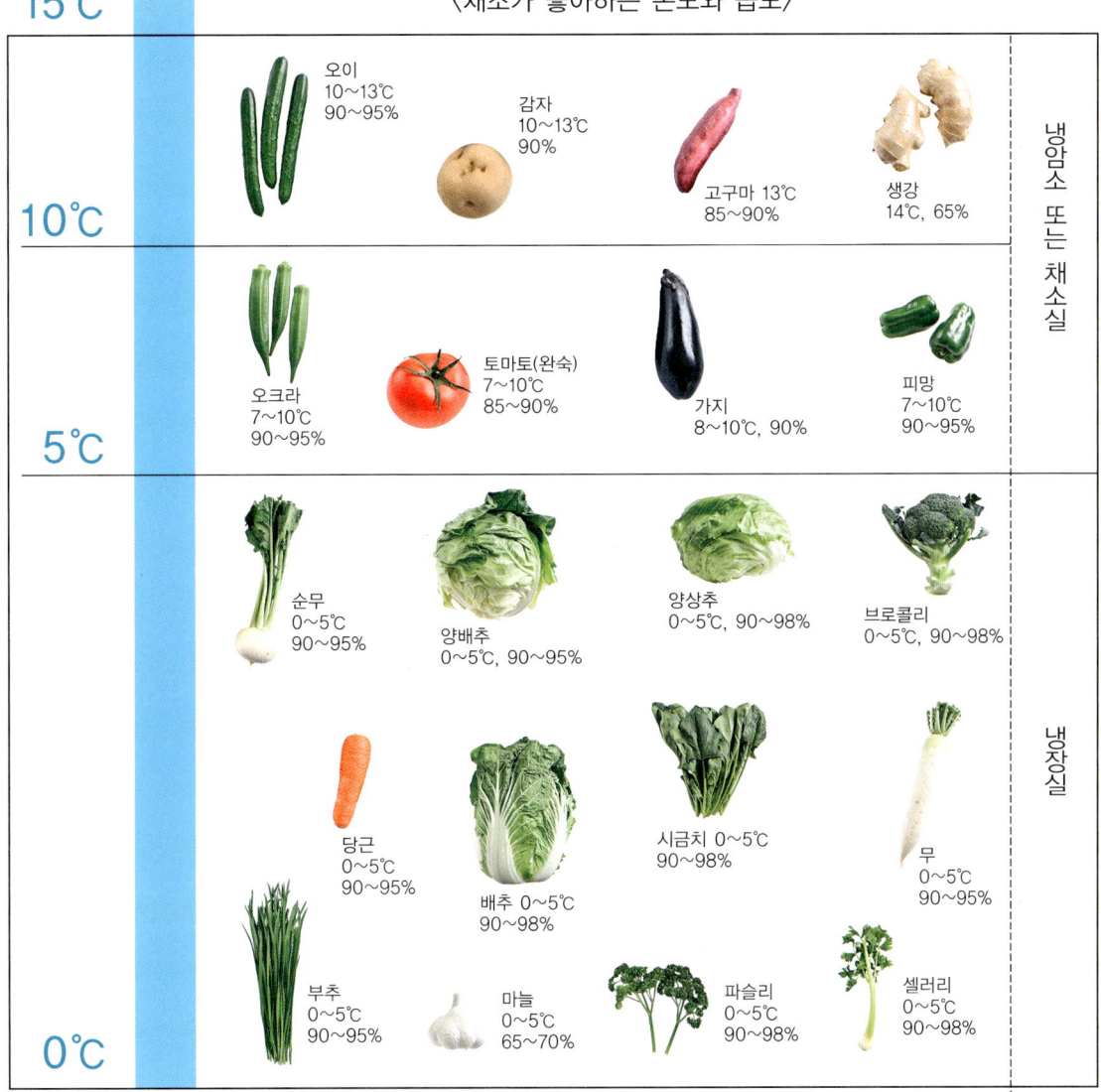

〈채소가 좋아하는 온도와 습도〉

PART 2 | 채소·과일 보존법

Q>>> 토마토의 보존, 어느 쪽이 옳지?

A 채소실에서 보존

〈보존법〉
키친타월로 싼 다음 비닐봉지에 넣어 채소실에서 보존.

≋ 2주 후

OK!

껍질도 반들반들한 상태. ○

/ 이쪽이 오래간다! \

B 냉장실에서 보존

〈보존법〉
비닐봉지에 싸서 밀폐 상태로 냉장실에 보존.

≋ 2주 후

NG!

물기가 나와 물러 있다. ✕

/ 조금 물렁물렁 \

**저온 장해를 일으키므로
채소실에서 보존하는 것이 적합하다.**

토마토는 저온 장해를 일으키기 쉬우므로 너무 차게 보존하지 않도록 주의해야 한다. 저온 장애를 일으키면 물렁물렁해져 식감과 풍미가 떨어진다. 채소실에서 보존한 토마토는 냉장실에서 보존한 토마토보다 탱탱하다. 또한 14℃ 이하를 유지하는 냉암소라면 채소실과 마찬가지로 잘 보존할 수 있다.

채소·과일의 보존 철저 검증 ③

Q>>> 단단한 키위의 보존, 어느 쪽이 옳지?

A 그대로 보존

〈보존법〉
키위만 비닐봉지에 넣어 냉장실에서 보존.

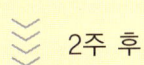
2주 후

NG!

딱딱하고 시큼하다.

／단단한 그대로＼

B 사과와 함께 보존

〈보존법〉
사과와 함께 비닐봉지에 넣어 냉장실에서 보존.

2주 후

OK!

먹기 좋게 숙성된 상태

／이쪽이 맛있다!＼

에틸렌 가스 효과가 숙성을 촉진한다.

단단한 키위는 에틸렌 가스를 방출하는 사과와 함께 비닐봉지에 넣어 밀폐해 두면 보다 빨리 익는다. 에틸렌 가스는 수확 후에도 호흡을 계속하는 채소나 과일이 내보내는 성분으로, 특히 사과가 많이 방출하기 때문에 숙성을 촉진한다. 또한, 키위나 감은 에틸렌 가스의 영향을 받기 쉬워 더욱 효과가 좋다.

PART 2 | 채소·과일 보존법

\흔히 듣는/
저온 장해와 에틸렌 가스가 뭐지?

채소나 과일을 보존할 때 주의해야 할 것은 저온 장해와 에틸렌 가스의 발생이다.
이 두 가지에 주의하여 신선도를 유지하자.

1 저온 장해를 일으키기 쉬운 채소 & 과일

보존한다면…

냉장실

냉장에 적합하지 않은 채소나 과일을 보존하면 저온 장해를 일으킨다.

상온
(냉암소)

저온 장해를 일으키기 쉬운 채소나 과일은 상온 보존이 좋다(여름철은 예외).

채소실

여름철은 상온에서 상하기 쉬우므로 채소실에 보존한다. 완숙된 것도 마찬가지다.

냉장실에 넣어 두었다고 안심할 수는 없다.

과일이나 채소를 구입한 후 냉장실에 넣어 두었다고 해서 안심할 수는 없다. 식재료에 따라 냉장실에 넣어 두면 바로 상하는 것도 있다. 이것을 저온 장해라고 한다. 저온 장해를 일으키는 과일이나 채소를 저온에 보관하면 그 물질의 구조가 변하며, 오이는 수분이 많은 물긋한 맛이 나고, 토마토는 물러지고, 바나나는 검게 변색해 상해 버린다.

채소·과일의 특징을 알자 ②

2 에틸렌 가스의 비밀을 밝힌다.

에틸렌 가스를 잘 활용해 보존

에틸렌 가스는 수확 후에도 호흡을 계속하는 채소나 과일이 방출하는 성분으로, 채소나 과일의 완숙을 촉진하는 작용이 있다. 예를 들면, 사과는 에틸렌 가스를 많이 방출하기 때문에 에틸렌 가스의 영향을 받기 쉬운 키위와 함께 보관하면 키위는 평소보다 빨리 완숙된다. 그리고, 에틸렌 가스의 영향을 받아 빨리 상하기도 하므로 주의해야 한다.

에틸렌 가스를 많이 방출하는 채소 & 과일

사과 / 아보카도 / 멜론 / 브로콜리

다른 채소의 완숙과 노화를 촉진한다!

보관하면…

\ 발아를 억제한다. /

감자와 함께.
감자 싹의 생육을 억제하기 때문에 사과와 함께 보존하면 좋다.

\ 곧 먹기 적당하게 /

아직 덜 익은 과일과 함께.
완숙 작용을 하므로 단단한 키위 등과 함께 비닐봉지에 보존한다.

\ 방출을 막는다. /

비닐봉지에 봉한다.
에틸렌 가스의 방출에 의한 주위의 영향을 막기 위해 비닐봉지를 확실히 봉한다.

PART 2 | 채소·과일 보존법

Q ⟩⟩⟩ 잎채소의 보존, 어느 쪽이 옳지?

A 젖은 키친타월로 싸서 보존

〈보존법〉
젖은 키친타월로 싼 다음, 비닐봉지에 씌워 냉장실에 세워서 보존.

B 마른 키친타월로 싸서 보존

〈보존법〉
마른 키친타월로 싼 다음, 비닐봉지에 씌워 냉장실에 세워서 보존.

1주 후

NG!
잎이 시들어 있는 부분도 보인다.
／시들어 버렸다.＼

1주 후

OK!
잎이 싱싱하게 살아 있다.
／이쪽이 오래간다!＼

수분 과다와 무르지 않도록 세워 보관.

잎채소는 수분을 방출한다. 마른 키친타월로 싸고 그 위에 비닐봉지를 덮으면 키친타월이 채소에서 나오는 수분을 흡수하기 때문에 적당한 물기를 갖게 된다. 젖은 키친타월로 싸면 채소에서 나오는 수분과 키친타월의 수분으로 인해 수분과다가 되어 물러진다.

채소·과일의 보존 철저 검증 ④

Q>>> 양배추의 보존, 어느 쪽이 옳지?

A 통째로 보존

〈보존법〉
통째로 신문지에 싼 다음, 비닐봉지에 넣어 냉장실에 보존.

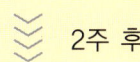
2주 후

식감이 좋아 보인다.

／이쪽이 오래간다!＼

B 잘라서 보존

〈보존법〉
자른 양배추를 랩으로 싼 다음, 비닐봉지에 넣어 냉장실에 보존.

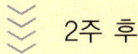
2주 후

자른 단면이 변색되었다.

／자른 단면이 변색되어 상했다.＼

**통째로 보존해야
신선도를 유지할 수 있다.**

양배추는 자르면 단면이 변색되어 상하기 쉽다. 단면이 공기와 접촉해 산화하기 때문이다. 오래 보존하려면 심을 도려내고 젖은 키친타월 등을 채운 다음, 통째로 신문지에 싸서 보존하는 것이 가장 좋다. 요리에 사용한 후 다시 보존하는 것이라면 젖은 키친타월을 교체하면 더 오래간다.

PART 2 | 채소·과일 보존법

\ 신기하다! /
싸는 방법과 주머니에 넣는 법

채소나 과일은 수확한 후에도 호흡을 한다.
신선도를 유지하기 위해 보존할 때의 요령을 알아두자.

1 신문지 & 키친타월 사용 방법

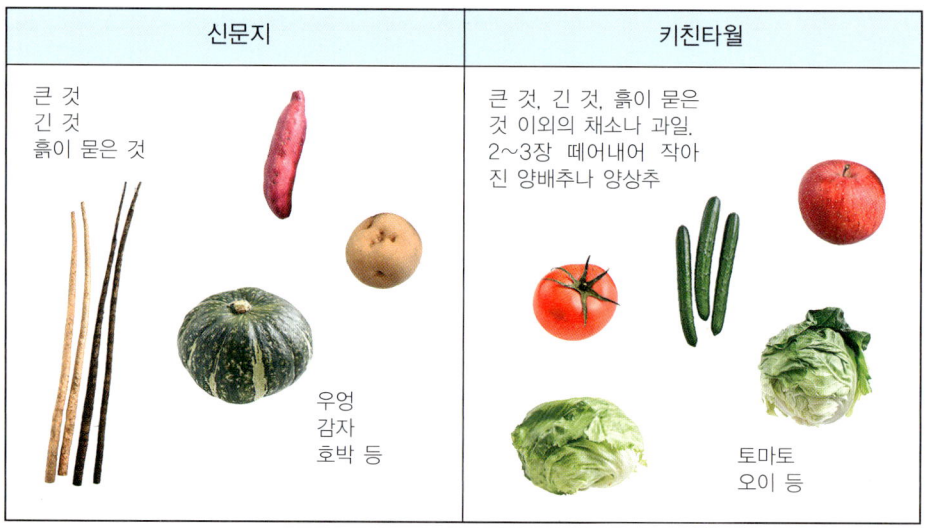

신문지	키친타월
큰 것 긴 것 흙이 묻은 것 우엉 감자 호박 등	큰 것, 긴 것, 흙이 묻은 것 이외의 채소나 과일. 2~3장 떼어내어 작아진 양배추나 양상추 토마토 오이 등

≫ 싸는 목적

**수분을 흡수하고, 냉기를 차단하며,
건조를 막기 위해.**

신문지와 키친타월을 잘 구분해 사용한다.

채소나 과일을 보존할 때 중요한 것은 건조와 변색을 막는 것이다. 이를 위해서는 각각의 특성에 맞게 보존하기 적합한 온도와 습도를 꼭 지켜주어야 한다. 쌀 때는 신문지로 싸든 키친타월로 싸든 상관없다. 우엉과 같이 긴 것이나 호박처럼 큰 것은 신문지에 싸면 편리하므로 잘 구분해 보존해 보자.

채소·과일의 특징을 알자 ③

2 랩 & 비닐봉지의 특징과 사용법

냉장할 때는 비닐봉지를 가볍게 묶는다.

자른 식재료는 반드시 랩으로 잘 싸서 보존한다. 이것은 건조를 막기 위해서뿐만 아니라 공기와 접촉해 상하지 않도록 하기 위해서이다. 비닐봉지에 넣는 것은 냉기나 건조를 지킬 뿐만 아니라 에틸렌 가스의 영향을 받지 않게 하기 위해서이다. 밀폐하면 물러 버리므로 가볍게 봉하는 정도가 좋지만, 에틸렌 가스를 방출하는 것은 확실히 밀폐해야 한다.

랩 & 비닐봉지의 특징과 적합한 사용법

랩	비닐봉지
〈특징〉 • 내열성과 내수성이 있다. • 산소를 통과시키지 않는다. • 수분을 유지하고 냄새를 막는다. 〈사용법〉 • 자른 채소나 과일의 단면에 랩을 씌운다. • 키친타월로 싼 후에 랩으로 싸야 하는 경우도 있다. • 삶은 채소를 소포장으로 냉동할 때 쓴다.	〈특징〉 • 저온내성과 내수성이 뛰어나다. • 랩에 비해 산소 통과가 잘된다. 〈사용법〉 • 채소를 키친타월로 싼 다음 비닐봉지에 넣어 보존한다. • 껍질이 두꺼운 과일은 통째로 비닐봉지에 넣는다. • 주로 냉장실에 보존할 때와 채소실에 보존할 때 사용한다.

자른 채소는 자른 면이 공기와 접촉하지 않도록 단면을 랩으로 잘 싸서 밀폐하는 것이 요령이다.

오래 보존하고 싶을 때는 신문지 또는 키친타월로 싼 다음 비닐봉지에 넣어 가볍게 묶는다.

PART 2 | 채소·과일 보존법

Q>>> 채소의 냉동, 어느 쪽이 옳지?

A 생것 그대로 냉동

〈보존법〉
먹기 좋은 크기로 자른 청경채를 날것 그대로 냉동용 지퍼백에 넣어 냉동.

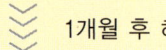
1개월 후 해동

물기가 생겨
요리를 해도 맛이 없다.

NG!
수분이 많고 식감도 나쁘다.

수분이 얼어버려 식감도 맛도 떨어진다.
채소에는 토마토처럼 생것으로 냉동할 수 있는 것도 있고, 생것으로 냉동할 수 없는 것도 있다. 청경채와 같은 잎채소도 그 중 하나다. 그대로 냉동하면 세포가 파괴되어 버리므로 막상 해동해 보면 물러 식감이 좋지 않다.

채소·과일의 보존 철저 검증 ⑤

B 살짝 데쳐 냉동

〈보존법〉
먹기 좋은 크기로 잘라 데친 후 냉동용 지퍼백에 넣어 냉동.

≫ 1개월 후 해동

OK!

색도 선명하고 식감도 나쁘지 않다.

／이쪽이 맛있다!＼

C 살짝 볶은 후 냉동

〈보존법〉
먹기 좋은 크기로 잘라 볶은 후 냉동용 지퍼백에 넣어 냉동.

≫ 1개월 후 해동

OK!

좀 물기가 있으나 생각 외로 아삭아삭한 식감이 남아 있다.

／이쪽도 아삭아삭!＼

살짝 가열하면 식감이 그대로 살아 있다.

채소는 살짝 데치거나 볶아 냉동하면 변색을 막을 수 있다. 게다가 식감도 떨어지지 않고 영양가도 변하지 않게 보존할 수 있다. 열에 의해 효소가 죽어서 생것 그대로 냉동할 때 일어나는 세포 조직의 파괴를 최소한으로 억제할 수 있기 때문에 해동 후에도 맛있게 먹을 수 있다. 또한 사전 준비가 다 되어 있어 단시간에 요리할 수 있어 일석이조다.

PART 2 | 채소·과일 보존법

\ 어느 것이 정답일까! /

채소의 냉동 보존법

채소를 냉동 보존할 때 중요한 것은 신선한 상태로 급속 냉동해야 한다는 것. 맛도 영양가도 유지할 수 있는 보존 요령을 터득해 보자.

1 채소류는 기본적으로 살짝 데친다.

살짝 데친다.

재빨리 식혀서 냉동시킨다.

90~100℃의 끓는 물에 채소를 넣고 살짝 데쳤으면 냉수로 식힌 다음 물기를 뺀다. 냉동용 지퍼백에 넣어 냉동한다.

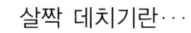

살짝 데치기란…

살짝 데치거나 찌는 것

살짝 데친 후 냉동해서 신선도를 유지.

살짝 데치거나 찌거나 하여 가열처리를 하면 냉동내성이 높아진다. 예를 들어, 효소 등의 활동을 억제하므로 살균 작용도 되고, 변색을 막아 신선도를 유지할 수 있다. 또한 장기 보존이 가능하며, 해동했을 때 무르지 않는 이점도 있다. 살짝 데쳐서 남은 수분을 처리하게 한다.

2 채소에 적합한 냉동법

채소의 특징을 이해하고 냉동한다.
모든 채소를 데쳐서 냉동 보존하는 것이 좋은 것은 아니다. 당근이나 피망처럼 수분이 적은 채소나 양념, 아보카도 등은 잘라서, 데치면 일그러지는 토마토는 그대로 냉동하는 것이 좋다. 그 외에도 소금에 버무리거나, 갈거나, 삶아 으깬 후 냉동해 두면 요리할 때 편리하다.

PART 2 | 채소·과일의 보존법

양배추 | 심을 도려내고 젖은 티슈를 채워두면 오래간다.

제철	영양성분	보존 기간
봄, 가을~겨울 (3~5월) (11~12월) 1 2 3 4 5 6 7 8 9 10 11 12	강력한 항산화 작용이 있는 비타민 C는 신체 기능의 쇠퇴를 막아준다. 위의 점막을 지켜주는 비타민 U에도 주목.	냉장실에서 **2주일**

| 냉장 ○ | 냉동 ○ | 상온 ○ | 절인다 ○ | 말린다 ○ |

〈고르는 법〉

겉을 싼 잎이 선명한 녹색을 띠고 있다.

들었을 때 묵직하게 느껴진다.

심 자른 면이 변색하지 않았다.

칼럼 비타민 C를 유출시키지 않는 요령.

봄철 양배추는 수분이 많아 부드럽기 때문에 가급적이면 가열 처리하지 않고 생것으로 먹는 것이 좋다. 절단면에서 비타민 C 등 영양분이 유실될 수 있으므로 물에 담가둘 때는 5분 정도가 적합하다.

안심 포인트 겉잎은 버린다.

① 농약을 여러 번 뿌리기 때문에 겉잎은 뜯어버린다.
② 그래도 걱정된다면 30초 정도 데치거나 생것으로 먹을 것이라면 잘라서 물에 5분 정도 담가두면 보다 안전하다.

잎채소

냉장 보존

보존기간 **2주간**

심을 도려내고 젖은 티슈나 키친타월을 채워 넣는다.

STEP 1 / 통째로

STEP 2

STEP 3

칼로 심을 도려낸다.
양배추는 가운데에서부터 수분이 빠져 나가므로 칼끝으로 심을 도려낸다.

티슈를 채워 넣는다.
도려낸 부분에 젖은 티슈나 키친타월을 채워 넣는다. 요리에 사용할 때까지 그대로 둔다.

신문지로 싼다.
신문지로 싼 다음 비닐봉지에 넣은 후 가볍게 묶어 냉장실에서 보존한다.

냉동 보존

보존기간 **1개월**

생것 그대로, 소금 뿌린 것, 데친 것으로 나누어 냉동.

생것

소금뿌린 것

자른 생것 그대로 냉동.
생것 그대로 채 썰어 냉동용 지퍼백에 넣고 공기를 뺀 다음 냉동한다.

소금을 뿌려 냉동.
소금을 뿌려 수분을 잘 뺀 다음 냉동용 지퍼백에 넣어 냉동한다. 소금을 넣은 물에 살짝 데쳐 냉동해도 된다.

>> **올바른 해동법**

모두 자연 해동이 좋다.

생것, 소금 뿌린 것, 데친 것 모두 냉장실로 옮겨 자연 해동하는 것이 좋다. 국거리·샐러드·무침에 사용한다.

상온 보존

보존기간 **3~4일**

신문지에 싸서 냉암소에 보존

통째로

티슈를 채워 넣는다.
신문지에 싸서 냉암소에 보존한다. 젖은 티슈를 채워 넣는 것이 요령이다. 사용할 때마다 티슈를 교체하는 것이 좋다.

말린다

보존기간 **1개월**

말린다면 고랭지 배추를

적당한 크기로 자른다.
심을 채운 채 적당한 크기로 잘라 3일 정도 말린다. 여름철에 나오는 고랭지 배추를 권한다.

PART 2 | 채소·과일의 보존법

소송채 | 세워서 보존해야 신선도가 오래 유지된다

제철	영양성분	보존 기간
겨울~봄 (12~3월)	푸른 잎 채소 중에서는 칼슘 함유량이 가장 많은 편이다. β-카로틴도 많아 면역력 향상에 좋다.	냉장실에서 **1주일**

1 2 3 4 5 6 7 8 9 10 11 12

| 냉장 ○ | 냉동 ○ (데친 것) | 상온 ○ (1~2일) | 절인다 ○ | 말린다 ○ |

〈고르는 법〉

잎이 두껍고 안쪽으로 둥글게 말려 있다.

줄기가 두껍고 팽팽하다.

뿌리가 튼튼하다.

칼럼 영양분을 듬뿍 섭취하기 위해서는.

칼슘이 풍부하게 함유되어 있어 단백질과 함께 요리하면 칼슘의 흡수율을 높일 수 있다.
기름에 요리할 때는 강한 불에서 재빨리 볶아야 영양분의 손실이 적다.

안심 포인트 흐르는 물에 꼼꼼히 씻는다.

① 잔류 농약 등이 남아 있을 가능성이 있으므로 꼼꼼하게 잘 씻어야 한다. 통에 물을 채우고 물을 흘려보내면서 5분 정도 담가둔다.
② 뿌리 쪽을 벌려 흐르는 물에서 흙과 표면의 농약을 씻어낸다.

잎채소

냉장 보존

보존기간 **1주간**

뿌리에서 수분을 보급시키고 세워서 보존하면 오래간다.

STEP 1 / 통째로
물에 담가 두었다가 물기를 잘 뺀다.
물에 담가 두었다가 소쿠리에 건져 물기를 잘 뺀다.

STEP 2
싸서 비닐봉지에 넣는다.
키친타월에 싼 다음 뿌리 부분을 밑으로 해서 비닐봉지에 넣는다.

STEP 3
냉장실에 세워서 보존한다.
비닐봉지를 살짝 묶어 깊이가 있는 용기에 넣은 후 냉장실에 세워서 보존하는 것이 기본이다.

냉동 보존

보존기간 **1개월**

살짝 데치는 것이 기본이다. 구입한 날 데친 뒤 냉동한다.

STEP 1 / 생것
소금을 넣고 데친 다음 자른다.
살짝 소금을 넣은 물에 데쳐서 냉수로 헹군 뒤 물기를 뺀다. 4~5cm 길이로 썬다.

STEP 2
랩에 싸서 급속 냉동한다.
소포장으로 해서 랩에 싼 다음 금속 쟁반 위에 올려 급속 냉동시킨다. 얼면 냉동용 지퍼백에 넣는다.

>> **올바른 해동법**

냉장실에서 자연 해동한다.

무침으로 할 때는 전날 냉장실에 옮겨 자연 해동하는 것이 맛있다.

그대로 국거리에도 쓴다.

국거리에 사용할 때는 얼린 채로 끓는 물에 넣어도 괜찮다.

말린다

보존기간 **1개월**

무침이나 국거리, 볶음으로 사용해도 좋다.

STEP 1
뿌리를 잘 씻는다.
소송채의 뿌리에 흙이 남아 있지 않게 흐르는 물에 잘 씻는다.

STEP 2
소쿠리에 담아 햇볕에 말린다.
물기를 잘 뺀 후 소쿠리에 담아 3일 정도 말린다. 잘게 썰어 죽을 쑬 때도 사용하면 좋다.

PART 2 | 채소·과일의 보존법

쑥갓 | 마른 키친타월로 싸두면 오래간다

제철	영양성분	보존 기간
가을~봄 (11~3월) 1 2 3 4 5 6 7 8 9 10 11 12	β-카로틴과 칼륨, 철이 풍부하다. 면역력을 높여 병에 강한 몸을 만든다.	냉장실에서 **1주일**

| 냉장 ○ | 냉동 ○
(데친 것) | 상온 ✕ | 절인다 ✕ | 말린다 ○ |

〈고르는 법〉

잎의 색이 진하며, 윤기가 나고 싱싱하다.

줄기가 튼튼하고 짧다.

자른 단면이 싱싱하고 향이 강하다.

칼럼 취향에 맞게 가열 처리를!

좋아하는 사람과 싫어하는 사람이 확실히 나누어지는 독특한 향이 있다. 이 향의 성분 α-피넨과 페릴알데히드는 기침을 멎게 하고 위의 더부룩함을 해소하는 데도 효과적이다. 쑥갓은 가열하면 할수록 쓴맛이 나기 때문에 쓴맛을 싫어하는 사람은 수십 초 가열을 권한다.

안심 포인트 꼼꼼히 잘 씻는다.

① 잔류 농약이 많은 채소이기 때문에 꼼꼼하게 잘 씻어야 한다. 통에 물을 채우고 물을 흘려보내면서 5분 정도 담가둔다.
② 걱정된다면 다시 하나씩 흔들면서 씻는다.

잎채소

냉장 보존

보존기간 **1주간**

뿌리에 수분을 보급시키고 나서 세워 보존하면 오래간다.

STEP 1 통째로
물기를 뺀 다음 키친타월로 싼다.
5분 정도 물에 담가 두었다가 물기를 잘 뺀 다음 키친타월로 싼다.

STEP 2
싸서 비닐봉지에 넣는다.
뿌리 부분을 밑으로 해서 비닐봉지에 넣고 살짝 묶는다.

STEP 3
냉장실에 세워서 보존한다.
깊이가 있는 용기에 넣은 후 냉장실에 세워서 보존한다. 또는 도어 포켓에 보존한다.

냉동 보존

보존기간 **1개월**

살짝 데쳐 식힌 다음 냉동한다.

STEP 1 데친다
소금을 넣고 데친 다음 자른다.
소금을 넣은 물에 살짝 데친 다음 냉수를 부어 물기를 뺀다. 4~5cm 길이로 썬다.

STEP 2
랩에 싸서 급속 냉동시킨다.
소포장으로 해서 랩에 싼 다음 금속 쟁반 위에 올려 급속 냉동시킨다. 얼면 냉동용 지퍼백에 넣는다.

>> **올바른 해동법**

냉장실에서 자연 해동한다

무침으로 쓸 경우에는 전날 냉장실로 옮겨 자연 해동하는 것이 맛있다.
국거리로 쓸 때는 얼린 채 끓는 물에 넣어도 괜찮다.

말린다

보존기간 **1개월**

무침이나 국거리로 사용한다.

소금을 넣은 물에 살짝 데친다.
물에 씻어 소금을 넣은 물에 살짝 데친 다음 물기를 잘 빼고 소쿠리에 펴서 3일 정도 말린다.

memo

컵 등에 꽂아둔다.

쑥갓은 수분이 빠지기 쉽고 잘 시든다. 특히 생것 그대로 샐러드에 사용할 때는 미리 냉수를 넣은 컵에 꽂아 두면 잎이 싱싱하다. 다른 요리에 사용할 때도 컵에 꽂아두면 아삭아삭하다.

PART 2 | 채소·과일의 보존법

청경채 | 냉동할 것이라면 살짝 데쳐서 한다.

제철	영양성분	보존 기간
가을~겨울 (9~1월) 1 2 3 4 5 6 7 8 9 10 11 12	β-카로틴과 비타민 C가 풍부해 감기 예방에 좋다. 눈의 피로에도 효과적이다.	냉장실에서 **1주일**

| 냉장 ○ | 냉동 ○
(가열한 것) | 상온 ○
(1~2일) | 절인다 ○ | 말린다 ○ |

〈고르는 법〉

- 잎의 초록색이 신선하며 두꺼운 것.
- 줄기가 두껍고 튼튼하다.
- 자른 단면이 변색되지 않은 것.

칼럼 요리할 때는 기름과 함께!

기름과 음식 궁합이 잘 맞으므로 기름과 함께 요리하면 β-카로틴의 흡수율이 높아진다. 센 불에서 살짝 볶으면 비타민 C의 손실도 최소화할 수 있다. 데칠 때는 기름과 소금을 넣고 뿌리 쪽부터 데치는 것이 좋다.

안심 포인트 꼼꼼히 잘 씻는다.

① 줄기 끝부분에는 농약이 남아 있을 수 있으므로 뿌리 끝을 잘라낸다.
② 통에 물을 채우고 흐르는 물에 줄기를 잘 펴서 씻은 다음 물에 5분 정도 담가 둔다.

잎채소

냉장 보존

보존기간 **1주간**

키친타월에 싼 다음 비닐봉지에 넣어 세워 보관한다.

STEP 1 통째로
뿌리 쪽을 물에 담근다.
물에 담가 두었다가 소쿠리에 담아 물기를 잘 뺀다.

STEP 2
싸서 비닐봉지에 넣는다.
키친타월로 싼 다음 비닐봉지에 넣고 입구를 살짝 묶는다.

STEP 3
냉장실에 세워서 보존한다.
깊이가 있는 용기에 넣은 후 냉장실에 세워서 보존한다. 또는 도어 포켓에 보존한다.

냉동 보존

보존기간 **1개월**

볶아서 냉동하거나 살짝 데쳐 식힌 다음 냉동한다.

STEP 1 볶아서
기름에 볶는다.
3cm 길이로 잘라 식용유에 살짝 볶거나 살짝 데친다.

STEP 2
랩에 싸서 급속 냉동시킨다.
소포장으로 해서 랩에 싼 다음 금속 쟁반에 올려 급속 냉동한다. 얼면 냉동용 지퍼백에 넣는다.

올바른 해동법

냉장실에서 자연 해동한다.

무침으로 사용할 경우에는 전날 냉장실로 옮겨 자연 해동하는 것이 좋다.
라면의 토핑으로 사용할 때는 얼린 채로 넣어도 된다.

말린다

보존기간 **1개월**

볶음이나 국거리에 쓴다. 아삭아삭한 식감이 좋다.

STEP 1
세로로 2등분해 자른다.
잘 씻어 물기를 빼고 세로로 2등분하거나 4등분한다.

STEP 2
소쿠리에 담아 말린다.
소쿠리에 절단면을 위로 해서 3일 정도 말린다.

memo

볶아도 아삭아삭하다.

말린 청경채는 끓는 물에 데친 후 물기를 빼고 잘라 볶으면 아삭아삭하다.

PART 2 | 채소·과일의 보존법

부추

빨리 상하기 때문에 구입 후에 즉시 물을 흡수시킨다.

제철	영양성분	보존 기간
가을~봄 (11~3월)	β-카로틴과 비타민 C, 칼슘, 유화알릴 등의 영양소가 많다. 피로 회복에 효과적이다.	냉장실에서 3~4일

1 2 3 4 5 6 7 8 9 10 11 12

| 냉장 O | 냉동 O | 상온 X | 절인다 O | 말린다 O |

〈고르는 법〉

잎 끝부분까지 곧다.

팽팽하고 윤기가 있으며 싱싱하다.

녹색이 진하고 줄기가 두껍다.

칼럼 뿌리는 잎의 4배의 유화알릴을 함유.

특유의 향은 유화알릴이라는 성분이다. 비타민 B군의 흡수를 도와 자양강장과 피로회복에 효과적이다. 또한 생활습관병 예방이나 항산화에 도움이 되는 비타민 E도 풍부하다.

안심 포인트 전체를 잘 씻는다.

① 줄기 아랫부분을 1cm 정도 자른 다음 통에 물을 채우고 물을 흘려보내면서 5분 정도 담가둔다.
② 전체를 살며시 비비듯이 씻는다. 잎 부분을 꼼꼼하게 씻으면 보다 안심할 수 있다.

잎채소

냉장 보존

보존기간 3~4일

처음에 뿌리 부분에 수분을 흡수시킨 다음 신문지에 싸서 보관한다.

STEP 1
뿌리 부분에 수분을 흡수시킨다.
통에 물을 채우고 뿌리 부분을 5분 정도 담가 두었다가 물기를 잘 뺀다.

STEP 2
잎 끝을 내놓고 싼다.
잎 끝을 내놓은 상태에서 꺾이지 않도록 신문지로 잘 싼다.

STEP 3
비닐봉지에 넣어 보관한다.
비닐봉지에 넣고 살며시 묶거나 랩으로 싸서 냉장실에 보관한다.

냉동 보존

보존기간 1개월

위에서 뜨거운 물을 부어 살짝 데치는 것이 요령

STEP 1
잘라서 뜨거운 물을 붓는다.
4cm 길이로 잘라 소쿠리에 담고 뜨거운 물을 끼얹는다. 물기를 뺀 후 냉동시킨다.

STEP 2
랩으로 싸서 급속 냉동시킨다.
소포장으로 해서 랩에 싸고 금속 쟁반 위에 올려 급속 냉동시킨다. 얼면 냉동용 지퍼백에 넣는다.

>> **올바른 해동법**

얼린 채로 요리하거나 자연 해동한다.

국에 사용할 때는 얼린 채 넣어 끓인다. 볶음이나 무침으로 사용할 경우에는 전날에 냉장실로 옮겨 자연 해동한다.

절인다

보존기간 2주일

조미료에 절인다.

입맛 돋구는 절임으로
진간장을 넣은 간장절임이나 소금과 참기름을 사용한 오일절임으로 해도 좋다. 보관용 봉지를 사용하면 간단하다.

말린다

보존기간 3주일

그대로 국물로

통째로 큼직큼직하게 썰어 말린다.
5~6cm 길이로 큼직하게 썰고 소쿠리에 펴서 1~2일 말린다. 국물에 그대로 넣는다.

PART 2 | 채소·과일의 보존법

배추
통째로 신문지에 싸두면 오래간다.

제철	영양성분	보존 기간
가을~겨울 (11~2월) 1 2 3 4 5 6 7 8 9 10 11 12	고혈압을 예방하는 칼륨이 많다. 또한 비타민 C와 식이섬유가 풍부해 감기 예방과 피부에 좋다.	냉장실에서 **2개월**

| 냉장 ○ | 냉동 ○ | 상온 ○ | 절인다 ○ | 말린다 ○ |

〈고르는 법〉

잎에 탄력이 있고 강하게 감긴 것.

자른 단면이 평평하다.

자른 면이 벌어져 있지 않다.

칼럼 전체의 약 95%는 수분이지만 고영양

칼륨·비타민 C·식이섬유 등 영양분이 풍부하다. 당질이 적어 다이어트 효과도 있다. 잎에 생기는 검은 반점은 생육 과정에서 생기는 생리반응이다. 먹어도 인체에 무해하므로 안심해도 된다.

안심 포인트 겉잎은 버린다.

① 농약은 가장 바깥 잎에 많이 남아 있으니까 겉잎은 뜯어 버린다.
② 절임 등 생것 그대로 먹을 때는 물에 잘 씻어낸다.

잎채소

냉장 보존

보존기간
1주일(자른 것)
2개월(통째)

통째로 보존하는 경우에는 신문지에 싸고, 자른 것이면 랩으로 잘 싼다.

통째로

자른 것

신문지로 싼다.
통째로 보존하는 경우에는 신문지로 싸서 냉장실에 넣는다.

랩으로 잘 싼다.
자른 배추는 심을 도려낸 다음 랩으로 싸서 냉장실에 보존한다.

memo

배추는 절이는 보존법도

제철의 배추는 소금에 절이거나 단식초에 절일 수 있다. 또 김치를 담그거나 소금격(겨된장)에 담가 보존할 수도 있다.

냉동 보존

보존기간
1개월

잎과 줄기를 잘라 살짝 데쳐 냉동하거나 소금에 절여 냉동한다.

데쳐서

절여서

살짝 데쳐 냉동
살짝 데쳐 식힌 다음 물기를 뺀다. 소포장으로 해서 랩에 싸 급속 냉동한 후 냉동용 지퍼백에 넣는다.

소금에 절여 냉동
적당한 크기로 잘라 소금을 뿌린 후 물기를 뺀다. 소포장으로 해서 랩에 싸 급속 냉동시킨 후 냉동용 지퍼백에 넣는다.

>> 올바른 해동법

냉장실에서 자연 해동시킨다.

데치거나 소금을 뿌려 냉동시킨 배추는 전날 냉장실로 옮겨 하룻밤 두고 자연 해동하는 것이 좋다. 국거리나 무침에 사용할 수 있다.

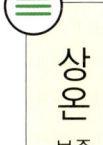

상온 보존

보존기간
2주일

신문지에 싸서 뿌리 부분을 아래로 둔다.

STEP 1
통째로

신문지에 싼다.
신문지에 싼 다음 뿌리를 아래로 해서 냉암소에 둔다. 반으로 자른 것은 상온 보관하지 않는다.

말린다

보존기간
1개월

말리면 단맛이 강해진다.

적당한 크기로 자른다.
잎을 한 장씩 뜯어 말리는 경우에는 4시간 정도, 2등분이나 4등분한 것은 3일 정도 말리면 단맛이 강해진다.

PART 2 | 채소·과일의 보존법

시금치 | 오래 보존하기 위해서는 키친타월로 싸둔다.

제철	영양성분	보존 기간
가을~겨울 (12~1월) 1 2 3 4 5 6 7 8 9 10 11 12	철분이 많아 빈혈과 변비 해소에 효과적이다. 철분의 흡수를 촉진하는 비타민 C와 β-카로틴, 엽산도 풍부하다.	냉장실에서 **1주일**

| 냉장 ○ | 냉동 ○
(데친 것) | 상온 ○
(1~2일) | 절인다 × | 말린다 ○ |

〈고르는 법〉

잎의 색이 진하며 두껍다.

줄기가 너무 두껍지 않고 반듯하다.

뿌리 부분은 두껍고 진한 붉은색이다.

칼럼 뿌리는 뼈를 튼튼하게 하는 성분이 있다.

철분이 많아 조혈작용이 있고, 암 예방에도 효과적인 β-카로틴이 풍부하다. 붉은 뿌리는 뼈를 만드는 망간이 많다. 옥살산은 수용성이므로 데치면 70~80% 줄일 수가 있다.

안심 포인트 데치기 전에 자른다!

① 시금치는 잔류 농약이 많은 채소이기 때문에 꼼꼼하게 잘 씻어야 한다. 통에 물을 채우고 물을 흘려보내면서 5분 정도 담가두었다가 씻는다.
② 데치기 전에 썰어두면 단면에서 농약 등이 빠져나오므로 좋다.

잎채소

냉장 보존

보존기간 **1주일**

신선도가 떨어지기 쉬우므로 건조에 주의한다.

STEP 1 물기를 뺀다.
5분 정도 물에 담가 두었다가 물기를 잘 뺀다.

STEP 2 싸서 비닐봉지에 넣는다.
키친타월로 싼 다음 뿌리 부분을 밑으로 해서 비닐봉지에 넣는다.

STEP 3 냉장실에 세워서 보관한다.
비닐봉지를 살며시 묶어 깊이가 있는 용기에 넣은 후 세워서 보존한다. 도어 포켓에 세워 보존해도 좋다.

냉동 보존

보존기간 **1개월**

살짝 데치는 것이 좋다. 구입한 날 즉시 데쳐 냉동한다.

STEP 1 소금을 넣고 데친다.
소금을 넣은 물에 살짝 데친 다음 냉수를 부어 물기를 뺀다. 먹기 좋은 길이로 자른다.

STEP 2 랩에 싸서 급속 냉동한다.
소포장으로 해서 랩에 싼 다음 금속 쟁반 위에 올려 급속 냉동시킨다. 얼면 냉동용 지퍼백에 옮긴다.

>> **올바른 해동법**

냉장실에서 자연 해동하거나 얼린 채 요리한다.

무침으로 할 경우에는 전날 냉장실로 옮겨 자연 해동하는 것이 좋다. 국거리로 사용할 때는 끓을 때 얼린 채로 넣는다.

말린다

보존기간 **1개월**

뿌리 부분을 위로 해서 말린다.

STEP 1 물에 잘 씻는다.
시금치의 뿌리에 흙이 남아 있지 않도록 하나씩 흐르는 물에 잘 씻는다.

STEP 2 매달아 햇볕에 말린다.
뿌리 부분을 위로 해서 갈고리에 걸어 통풍이 잘되는 곳에 매달아 2~3일 정도 말린다.

잘게 썰어 소쿠리에 담아 말려도 좋다.

잘 씻은 시금치를 잘게 썰어 소쿠리에 펼쳐놓고 2~3일 말린다. 국거리로 좋다.

PART 2 | 채소·과일의 보존법

경수채 | 신문지에 싸서 비닐봉지에 넣는다.

제철	영양성분	보존 기간
가을~봄 (11~3월)	노화와 암을 예방하는 β-카로틴과 비타민 C가 풍부하다. 비타민 C는 피부 미용에도 좋다.	냉장실에서 1~2일

| 냉장 ○ | 냉동 ○ (데친 것) | 상온 ○ (1~2일) | 절인다 ○ | 말린다 × |

〈고르는 법〉

잎 끝부분까지 곧다.

줄기는 하얗고 가늘며 팽팽하다.

 냉동 보존 — 보존기간 1개월

 냉장 보존 — 보존기간 1~2일

데쳐서

데쳐서 소포장으로 나누어 냉동
살짝 데쳐서 물기를 짠 후 썬다. 랩으로 싸서 냉동용 지퍼백에 넣는다.

통째로

신문지로 싸서 보존한다.
신문지로 싼 다음 비닐봉지에 넣고 살며시 묶는다. 세워서 보존하는 것이 좋다.

올바른 해동법 자연 해동하거나 얼린 채 요리한다.

무침으로 쓸 경우에는 전날 냉장실로 옮겨 자연 해동하는 것이 좋다. 국거리로 쓸 때는 끓을 때 얼린 채로 넣는다.

안심 포인트 뿌리 부분을 잘 씻는다.

뿌리 부분에 붙은 흙이나 더러움을 물을 채운 통 안에서 물을 흘려보내면서 흔들어 씻는다.

칼럼 냄비요리에 최적의 식재료

경수채(水菜)는 떫은맛이 없고 고기와 생선의 냄새를 없애주는 작용을 하기 때문에 여러 식재료가 들어가는 냄비 요리에 가장 적합하다. 마지막에 살짝 올려 씹는 즐거움을 맛보자.

모로헤이야 | 데친 다음 잘게 썰어 냉동하면 편리하다.

제철	영양성분	보존 기간
여름 (7~8월)	β-카로틴 함유량이 당근보다 많다. 미끈미끈한 무틴(점액성분)은 당뇨병 예방에도 좋다.	냉장실에서 1~2일

냉장 ○ 냉동 ○ 상온 ✕ 절인다 ○ 말린다 ○

〈고르는 법〉

잎의 크기는 5~6cm 정도.

짙은 녹색이며 부드럽다.

냉동 보존 보존기간 1개월
데쳐서 
데쳐서 작은 포장으로 냉동
살짝 데쳐서 물기를 짠 다음 썬다. 랩으로 싸서 냉동용 지퍼백에 넣는다.

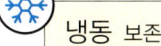
올바른 해동법 자연 해동하거나 얼린 채 요리한다.
무침으로 할 경우에는 전날 냉장실로 옮겨 자연 해동하는 것이 좋다. 국거리로 사용할 때는 끓을 때 얼린 채로 넣는다.

냉장 보존 보존기간 1~2일
통째로
키친타월 또는 비닐봉지
키친타월로 싼 다음 비닐봉지에 넣고 살며시 묶는다. 세워서 보존하면 좋다.

안심 포인트 살짝 데친다.
① 물을 채운 통 속에서 흔들어 씻은 다음 살짝 데친다.
② 옥살산을 많이 함유하고 있어 너무 많이 먹지 않도록 주의해야 한다.

칼럼 채소의 왕

고대 이집트의 왕이 모로헤이야 수프를 마시고 중병이 나았다고 전해질 정도로 영양가가 높은 채소다. 여름 타는 것을 예방하는 데도 좋다.

양상추 | 심에서 수분이 빠져 나가지 않도록 확실히 보존한다.

제철	영양성분	보존 기간
여름 (7~8월) 1 2 3 4 5 6 7 8 9 10 11 12	고혈압 예방과 정장작용(整腸作用)에 효과적인 식이섬유와, 혈액 순환을 돕는 비타민 E가 풍부하다.	냉장실에서 2~3주일

| 냉장 ○ | 냉동 × | 상온 × | 절인다 ○ | 말린다 ○ |

〈고르는 법〉

- 잎은 녹색이 너무 진하지 않은 것.
- 단면이 변색되지 않은 것.
- 크기에 비해 그다지 무겁지 않은 것.

칼럼 스트레스에도 효과적인 의외의 효능

심에서 나오는 흰 액체에는 심신을 안정시키는 진정작용과 최면작용을 하는 락투카리움이 함유되어 있어 수면과 피로를 느낄 때 효과적이다. 영양 면에서는 서니 레터스가 β-카로틴, 비타민 E가 풍부하다.

안심 포인트 겉잎은 버린다.

① 농약을 많이 산포해서 키우는 채소이기 때문에 겉잎을 한 장 벗긴 후에 사용한다.
② 생으로 먹을 경우에는 한 장씩 꼼꼼히 씻어 5분 정도 물에 담가둔다.

잎채소

냉장 보존

보존기간 **2~3주**

심에 밀가루를 발라 두면 훨씬 오래간다.

STEP 1
심의 단면을 자른다.
심지의 단면을 2~3mm 잘라낸다.

STEP 2
심에 밀가루를 바른다.
단면에 밀가루나 녹말가루를 발라 수분의 증발을 막는다 (p.140).

STEP 3
신문지와 랩으로 싼다.
신문지로 싼 뒤 마지막으로 랩을 두른다. 또는 비닐봉지에 넣어 보관한다.

절인다

보존기간 **1~2일**

절이면 상큼하고 맛있다.

STEP 1
적당한 크기로 자른다.
양상추는 사방 4cm 정도 통째로 큼직하게 자른 다음, 5분 정도 물에 잘 씻어 물기를 뺀다.

STEP 2
소스에 절인다.
얼절이 소스에 넣어 절인다. 염장 다시마·고추·참기름으로 겉절이를 해도 맛있다.

memo

끓는 물을 끼얹어 보존해도 좋다.
뜨거운 물을 끼얹으면 부드러워진다. 물기를 잘 짠 다음 비닐봉지에 넣어 냉장실에서 보존한다. 무쳐 먹어도 맛있다.

말린다

보존기간 **1개월**

부드러워질 때까지 말리는 것이 요령

STEP 1
세로로 4등분한다.
심을 그대로 둔 채 세로로 4등분한다. 한 장씩 떼어내도 된다.

STEP 2
소쿠리에 담아 말린다.
자른 면을 위로 해서 소쿠리에 펼쳐놓고 3일 정도 말린다. 부드러워질 때까지 말리는 것이 요령.

memo

말린 양상추 사용법

그대로 수프에 넣거나, 물에 담가 두었다가 무침이나 볶음을 해도 좋다.

PART 2 | 채소·과일의 보존법

아스파라거스 | 이중 포장으로 건조를 막는 것이 포인트

제철	영양성분	보존 기간
봄~여름 (3~6월) 1 2 3 4 5 6 7 8 9 10 11 12	항산화 작용이 있는 루틴, 피로회복에 효과적인 아스파라긴산 외에 비타민 C, E도 풍부하다.	냉장실에서 **3~4일**

| 냉장 O | 냉동 O
(데친 것) | 상온 ✕ | 절인다 O | 말린다 O |

〈고르는 법〉

이삭 끝이 오므라져 있다.

줄기의 두께가 일정하며 주름이 없다.

자른 면이 신선하고 변색되지 않았다.

칼럼 지치지 않는 몸을 만드는 영양성분은?

아스파라긴산과 다양한 영양분이 있어 안티 에이징이나 암 억제에 효과적이다. 루틴이나 비타민 C는 수용성이므로 살짝 데친다. 화이트 아스파라거스는 연백재배(햇빛과 바람을 차단해 줄기나 잎을 희고 연하게 재배하는 방법)를 하므로 영양가가 낮다.

안심 포인트 한 개씩 잘 씻어 소금을 넣고 데친다.

① 통에 물을 채우고 물을 흘려보내면서 한 개씩 꼼꼼하게 씻는다.
② 소금을 넣고 데치면 농약이 빠져나오고 변색도 막을 수 있다.

열매·줄기 채소

냉장 보존

보존기간 **3~4일**

키친타월과 비닐봉지에 싸서 세워서 보존한다.

STEP 1 / 통째로

STEP 2

STEP 3

키친타월로 싼다.
키친타월로 아스파라거스를 몇 개씩 싼다. 1개씩 싸도 된다.

비닐봉지에 넣는다.
뿌리 부분을 밑으로 해서 비닐봉지에 넣고 살며시 묶는다.

냉장실에 세워 보관한다.
깊이가 있는 용기에 넣은 후 이삭 끝이 위로 가게 세워서 보존한다. 도어 포켓에 세워 보존해도 좋다.

냉동 보존

보존기간 **1개월**

데친 뒤에 냉동해야 오래간다.

STEP 1 / 데쳐서

STEP 2

소금을 넣고 살짝 데친다.
소금을 넣은 물에 살짝 데친 다음 키친타월로 물기를 뺀다.

적당한 크기로 자른다.
크게 토막치거나 어슷썰기로 자른다. 소포장으로 랩에 싸서 급속 냉동한다. 얼면 냉동용 지퍼백에 옮긴다.

> **>> 올바른 해동법**
>
> **얼린 채로 요리해도 좋다.**
>
> 냉동한 아스파라거스는 얼린 채로 요리해도 맛있다. 볶음 요리나 수프, 파스타에 넣어도 좋고, 얇게 썬 고기로 말아 구워도 좋다.

말린다

보존기간 **1개월**

필러로 얇게 벗긴 뒤 말린다.

STEP 1

STEP 2

필러로 껍질을 얇게 벗긴다.
표피를 제거하고 필러로 얇게 벗긴다. 어슷하게 썰어도 좋다.

소쿠리에 펼쳐놓고 말린다.
소쿠리에 담아 1~2일 말린다. 조림이나 볶음 요리에 활용할 수 있다.

memo

간단! 멘츠유 절임

멘츠유(일본 간장)에 붉은 고추를 넣고 데친 아스파라거스를 넣어 절이기만 해도 맛있는 보존식이 된다.

PART 2 | 채소·과일의 보존법

풋콩 | 콩깍지째 소금을 넣고 데쳐 냉동한다.

제철	영양성분	보존 기간
여름~가을 (7~9월) 1 2 3 4 5 6 7 8 9 10 11 12	단백질과 지방을 풍부하게 함유, 콩에는 없는 비타민 C도 풍부해 피부 미용에 좋다.	냉장실에서 1~2일

| 냉장 ○ | 냉동 ○
(데친 것) | 상온 ✕ | 절인다 ○ | 말린다 ○ |

〈고르는 법〉

깍지에 솜털이 붙어 있다.

볼록하게 콩이 3개 들어 있다.

❄ 냉동 보존 보존기간 2개월

데쳐서

소금을 넣고 데쳐 냉동시킨다.
깍지째 소금을 넣고 데친 다음 소쿠리에 담아 식혀서 냉동용 지퍼백에 넣는다.

올바른 해동법 자연 해동하거나 흐르는 물에서 해동한다.
전날 냉장실로 옮겨 하룻밤 놓아 두어 자연 해동하거나 봉지째 흐르는 물에서 해동한다.

〰 냉장 보존 보존기간 1~2일

통째로

신문지 또는 비닐봉지로.
가지를 1cm 남기고 잘라 신문지에 싼 다음 비닐봉지에 넣어 냉장실에 보관한다.

안심 포인트 흐르는 물에서 비벼 씻는다.

흐르는 물속에서 잘 비벼 씻는다. 줄기에 붙은 쪽의 콩깍지 끝부분을 잘라낸 다음 소금으로 잘 문지른다.

칼럼 열매는 간장에 좋은 간식

알코올 분해를 도와주는 필수 아미노산인 메티오닌, 비타민 B군, 비타민 C가 함유되어 있어 간장에 대한 부담을 줄이는 효과가 있다.

열매·줄기 채소

누에콩

가열 직전에 깍지에서 콩을 까는 것이 좋다.

제철	영양성분	보존 기간
봄~여름 (4~6월) 1 2 3 4 5 6 7 8 9 10 11 12	단백질 외에 비타민 B군, 비타민 C, 철 등이 풍부하다. 혈전 예방, 빈혈 예방에 효과적이다.	냉장실에서 2~3일

| 냉장 ○ | 냉동 ○ (데친 것) | 상온 × | 절인다 ○ | 말린다 ○ |

〈고르는 법〉

녹색이 선명하고 윤기가 있다.

콩이 3개이며 모양이 고르다.

냉동 보존 보존기간 **2개월**

데쳐서

소금을 넣고 데친다.
까서 소금을 넣고 데친 다음 소쿠리에 담아 식힌다. 냉동용 비닐봉지에 넣어 냉동한다.

올바른 **해동법** 데치거나 얼린 채로 요리한다.

얼린 채로 데쳐 해동하는 것이 좋다. 볶음 등에는 얼린 채 넣어 요리한다.

냉장 보존 보존기간 **2~3일**

통째로

신문지 또는 비닐봉지로
깍지째 신문지에 싼 다음 비닐봉지에 넣어 냉장실에 보존한다.

안심 포인트 이중으로 막고 있어 안심이다.

깍지를 까서 데치면 콩을 싸고 있는 얇은 막도 떨어지므로 농약 등의 걱정은 없다.

칼럼 미네랄이 풍부한 콩 중의 왕

비타민 B군이 많으며, 당질 분해와 신진대사를 돕는다. 제철 누에콩은 껍질이 부드럽고 식이섬유도 풍부하게 들어 있으므로 껍질째 먹는 것이 좋다.

PART 2 | 채소·과일의 보존법

오크라 | 사용하고 남은 것은 냉동하는 것이 좋다.

제철	영양성분	보존 기간
여름~가을 (7~9월)	정장작용을 촉진하는 펙틴, β-카로틴, 비타민 B군, 비타민 C, 칼륨이 풍부하다.	냉장실에서 3~4일

1 2 3 4 5 6 7 8 9 10 11 12

| 냉장 ○ | 냉동 ○ (데친 것) | 상온 ○ (1일) | 절인다 ○ | 말린다 ○ |

〈고르는 법〉

받침 부분에 가시가 있다.

파랗게 솜털이 밀집해 있다.

칼럼 생것이든 가열한 것이든 영양소는 같다.

펙틴 등 끈적끈적한 성분은 점막을 보호하고, 변비를 막아 대장암을 예방하는 효과가 있다. 열에도 강해서 가열요리에도 좋다. β-카로틴은 양상추의 약 3배, 비타민, 미네랄의 함유량은 피망보다 많다.

안심 포인트 씻은 다음 소금으로 문지른다.

① 씻는 통 안에서 비벼 씻는다. 꼭지와 받침을 떼고 도마 위에서 소금을 뿌리면서 뒤적인다 (p.68).
② 살짝 데쳐도 본래 그대로의 식감은 유지되므로 살짝 데쳐 유해물질을 제거한다.

열매·줄기 채소

냉장 보존

보존기간
3~4일

저온에 약하므로 너무 차가워지지 않도록 주의한다.

STEP 1 / 통째로

키친타월로 싼다.
건조, 저온에 약하므로 직접 냉기가 닿지 않도록 키친타월 등으로 싼다.

STEP 2

비닐봉지에 넣는다.
비닐봉지에 넣어 가볍게 봉한 다음 채소실에서 보관한다. 상하기 쉬운 채소이므로 가급적이면 빨리 먹는 것이 좋다.

memo

따뜻한 곳에서 자란 채소는.

저온 장애를 일으키기 쉬워서 5℃ 이하에서 보존하면 안 된다. 반드시 채소실에서 보관해야 한다.

냉동 보존

보존기간
1개월

살짝 데쳐 냉동하면 1개월 보관 가능.

데쳐서

살짝 데쳐 냉동
꼭지와 받침을 떼고 도마 위에서 소금을 뿌려 뒤적인 다음 살짝 데쳐 식힌다. 물기를 닦아 냉동용 지퍼백에 보관한다.

잘게 잘라 냉동
데쳐 잘게 자른 다음 냉동용 지퍼백에 넣거나 소포장으로 랩에 싸서 급속 냉동한다.

>> 올바른 해동법

자연 해동하거나 얼린 채로 요리한다.

무침으로 쓸 경우에는 전날 냉장실로 옮겨 자연 해동한다. 볶음이나 수프에 넣을 것이라면 얼린 채로 요리해도 괜찮다.

말린다

보존기간
1개월

말려도 끈기는 그대로! 향과 씹히는 느낌을 즐길 수 있다.

자른 면을 위로 해서 말린다.
도마 위에서 소금을 뿌려 뒤적인 다음 물에 씻는다. 물기를 잘 뺀 후 세로로 2등분한다. 자른 면을 위로 해서 2~3일 말린다.

memo

말린 오크라 사용법

물에 씻은 후 10분 정도 미지근한 물에 담가둔다. 표면의 물기를 닦아 카레라이스나 수프에 사용한다.

절임에도 좋다.

꼭지와 받침을 떼고 도마 위에서 소금을 뿌려 데친 다음 육수와 설탕 등과 함께 절이면 맛있다.

PART 2 | 채소·과일의 보존법

호박

자른 호박을 구입했다면 씨 등 속을 제거한다.

제철	영양성분	보존 기간
여름~가을 (7~9월) 1 2 3 4 5 6 7 8 9 10 11 12	노화 방지에 효과적인 비타민 E를 많이 함유하고 있으며 식이섬유가 풍부해 정장작용 효과도 크다.	냉암소에서 2~3개월

| 냉장 ○ | 냉동 ○
(가열한 것) | 상온 ○ | 절인다 △ | 말린다 ○ |

〈고르는 법〉

꼭지 단면이 말라 코르크 모양.

짙은 녹색이며 묵직한 것.

진한 노란색이며 씨가 볼록하다.

칼럼 영양이 풍부하며 버릴 것이 없다.

β-카로틴이 풍부하고 비타민 C와 비타민 E가 항산화 작용을 높여 준다. 속보다 껍질에 β-카로틴이 많이 함유되어 있으므로 껍질을 잘 씻어 활용하면 좋다. 씨에도 동맥경화를 예방하는 리놀산이 풍부하게 들어 있다.

안심 포인트 껍질 표면을 잘 씻는다.

① 흐르는 물속에 껍질의 표면을 수세미 등으로 문질러 씻은 다음 군데군데 껍질을 가볍게 벗겨낸다.
② 걱정이 된다면 껍질을 벗기고 나서 다시 한 번 씻거나 살짝 데쳐 사용하면 안심할 수 있다.

열매·줄기 채소

냉장 보존

보존기간 1개월

자른 것은 씨와 속을 제거한다.

STEP 1 / 자른다

STEP 2

씨와 속을 제거한다.
자른 호박은 씨와 속부터 상하기 때문에 구입 직후 즉시 스푼으로 파낸다.

랩으로 잘 싼다.
자른 단면과 오목한 부분을 랩으로 잘 싸서 채소실에 보존한다.

memo

씨는 버리지 않고 말려 이용한다.

씨는 잘 씻어 말린 다음, 껍질을 벗겨 그대로 먹거나 볶아 먹는다.

냉동 보존

보존기간 1개월

가열한 뒤 냉동한다.

가열해서

데쳐서

전자 레인지 가열
한입 크기로 잘라 전자 레인지에 돌린 뒤(100g에 2분), 열을 식혀 냉동용 지퍼백에 넣어 냉동한다.

살짝 데쳐 냉동한다.
데친 단호박을 으깨 소포장으로 해서 랩으로 평평하게 싼 다음 냉동용 지퍼백에 넣어 냉동시킨다.

》》 올바른 해동법

전자 레인지에 해동하거나 얼린 채로 요리한다.

이미 가열했으므로 전자 레인지에 해동한다. 얼린 채로 찜이나 수프에 사용해도 된다.

상온 보존

보존기간 2~3개월

통풍이 잘되는 냉암소에서 보관한다.

통째로

신문지에 싸서 보존한다.
통째로 보존할 때는 신문지에 싸서 실내의 통풍이 잘되는 냉암소에 둔다.

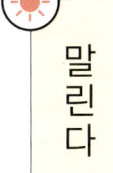

보존기간 1개월

풍미가 더해 맛있어진다. 말린다

소쿠리에 펼쳐놓고 말린다.
속을 파내고 물기를 제거한 다음 얇게 잘라 소쿠리에 펼쳐놓고 3일 정도 말린다.

PART 2 | 채소·과일의 보존법

콜리플라워 | 봉오리 부분을 잘 싸서 보존하면 오래간다.

제철	영양성분	보존 기간
겨울~봄 (11~3월)	레몬만큼이나 많은 비타민 C를 함유하고 있어 감기 예방에 좋다. 피부미용에도 효과적이다.	냉장실에서 **1주일**

1 2 3 4 5 6 7 8 9 10 11 12

- 냉장 ○
- 냉동 ○ (데친 것)
- 상온 ○ (2~3일)
- 절인다 ○
- 말린다 ○

〈고르는 법〉

- 봉오리가 빽빽하고 팽팽하다.
- 바깥 잎이 시들어 있지 않다.
- 묵직한 느낌이 있다.

칼럼 가열에 강하지만 생으로 먹는 것이 좋다.

피부 미용에 효과가 있으며, 노화 방지와 암 억제 작용을 한다. 약간의 가열 처리로 비타민 C가 파괴되지는 않지만 그래도 생으로 먹는 것이 영양가가 높다. 샐러드에 넣어 먹어보자. 줄기도 비타민 C를 많이 함유하고 있다.

안심 포인트 소금·식초·밀가루를 넣어 데친다.

① 작은 봉오리로 쪼개 소금을 넣은 물에 담가 두었다가 흔들어 씻는다.
② 데칠 때는 소금만 넣어 데치면 변색되므로 식초 또는 밀가루를 넣는다. 특히 밀가루는 표면에 막을 만들어 변색을 막아준다.

열매·줄기 채소

냉장 보존

보존기간 **1주일**

봉오리를 키친타월에 싸서 보관한다.

STEP 1 통째로

키친타월로 콜리플라워의 봉오리 부분을 싼다.

STEP 2

랩을 씌워 비닐봉지에 넣는다.
전체를 랩으로 씌워 비닐봉지에 넣고 냉장실에 세워서 보관한다.

memo

물에 꽂아둔다.

작은 컵 등에 물을 넣고 줄기를 꽂아둔다. 랩으로 싸서 냉장실에서 보존해도 좋다.

냉동 보존

보존기간 **1개월**

작은 봉오리로 쪼개 데친 뒤 냉동한다.

STEP 1 가열해서

끓는 물에 데친다.
굵은 줄기를 떼고 작은 봉오리로 쪼갠 다음, 소금과 식초를 넣은 끓는 물에 넣고 1분 정도 살짝 데친다.

STEP 2

냉동용 지퍼백에 넣는다.
물기를 뺀 다음 작은 봉오리가 겹치지 않도록 냉동용 지퍼백에 넣는다. 공기를 빼서 냉동한다.

>> 올바른 해동법

자연 해동하거나 얼린 채로 요리한다.

샐러드에 사용할 경우에는 전날 냉장실로 옮겨 자연 해동하는 것이 좋고, 가열하는 요리에는 얼린 채로 넣으면 편리하다.

말린다

보존기간 **1개월**

생것 그대로 봉오리를 낱낱이 떼어서 햇볕에 말린다.

STEP 1

잘 씻어 물기를 뺀다.
굵은 줄기를 떼고 작은 봉오리로 쪼개 잘 씻은 다음 키친타월로 물기를 닦는다.

STEP 2

소쿠리에 펴서 말린다.
소쿠리에 펼쳐놓고 3일 정도 말린다. 물에 씻어 스튜나 수프에 넣으면 좋다.

memo

절여 보존해도 좋다.

작은 봉오리로 나눠서 끓는 물에 3분 정도 데쳐 물기를 뺀다. 식기 전에 피클액에 절이면 2주일 정도 보존 가능하다.

PART 2 | 채소·과일의 보존법

오이 | 저온에 약하므로 너무 찬 곳에 두지 않도록 주의한다.

제철	영양성분	보존 기간
여름 (6~8월) 1 2 3 4 5 6 7 8 9 10 11 12	칼륨이 많아 몸속에 쌓인 유해 물질을 제거하는 데 좋다(디톡스 작용을 한다). 90%가 수분이므로 수분 보급에도 효과적이다.	채소실에서 1주일

| 냉장 ○ | 냉동 ○ (소금에 버무린 것) | 상온 ○ (1~2일) | 절인다 ○ | 말린다 ○ |

〈고르는 법〉
- 선명한 녹색이며 윤기가 흐른다.
- 가시가 있어 만지면 아프다.
- 굵기가 일정하다.

칼럼 비타민 C가 풍부한 식재료에 주의한다.

칼륨이 많아 이뇨작용이 있으며 부종을 개선한다. 또한 아스코르비나아제라는 비타민 C를 산화시키는 효소가 함유되어 있으므로, 식초를 넣거나 가열하여 효소의 작용을 억제시키는 방법으로 먹는 것이 좋다.

안심 포인트 잘 씻어 소금에 버무린다.

① 흐르는 물에 표면을 잘 문질러 씻는다.
② 소금을 넣고 버무린 후 소금을 씻어낸다. 이렇게 하면 농약이 빠져나오고 변색도 막을 수 있다.

열매·줄기 채소

냉장 보존

보존기간 **1주일**

저온과 물기에 약한 채소이므로 한 개씩 꼼꼼하게 싼다.

STEP 1 통째로
물기를 뺀다.
물기가 있으면 상하기 쉬우므로 키친타월로 표면의 물기를 잘 닦는다.

STEP 2
1개씩 싼다.
키친타월로 한 개씩 싼 다음 비닐봉지에 넣어 살짝 묶는다.

STEP 3
냉장실에 세워 보관한다.
꼭지가 위로 가도록 세워서 보관한다. 줄기에 달려 있던 상태로 두면 스트레스가 없어 오래 간다.

냉동 보존

보존기간 **2~3주일**

물기가 많은 오이는 소금에 버무려 냉동한다.

STEP 1 소금에 버무리기
소금에 버무리기.
얇게 썰어 소금을 뿌린 다음 부드러워지면(숨이 죽으면) 가볍게 버무린다. 살짝 물에 씻어 물기를 짠다.

STEP 2
랩에 싸서 급속 냉동한다.
소포장으로 랩에 싼 다음 금속 쟁반에 올려 급속 냉동한다. 얼면 냉동용 지퍼백에 옮긴다.

>> **올바른 해동법**

반 해동한 상태에서 물기를 짜낸다.

요리할 때는 반 해동한 상태에서 물기를 짠 다음 사용한다. 식초를 넣어 버무리거나 샐러드, 초밥에 사용해도 편리하다.

절인다

보존기간 **2주일**

피클액이나 겨에 절여 보관한다.

피클을 만든다.
보관용기(병)에 길게 자른 오이와 피클액을 넣어 냉장실에서 보관한다.

말린다

보존기간 **1개월**

생것과는 다른 식감이 있다.

얇게 썰어 말린다.
비스듬하게 썰어 물기를 잘 닦는다. 소쿠리에 펼쳐놓고 2일 정도 말린다. 볶음에 사용해도 좋다.

PART 2 | 채소·과일의 보존법

여주 | 씨와 속을 파내고 냉장 보존한다.

제철	영양성분	보존 기간
여름 (6~8월) 1 2 3 4 5 6 7 8 9 10 11 12	가열에 강한 비타민 C를 함유하고 있으며, 피부 미용에 좋다. 씁쓸한 성분인 모모루데신은 콜레스테롤을 낮추는 데 효과적이다.	채소실에서 **1주일**

| 냉장 ○ | 냉동 ○ | 상온 ○ | 절인다 ○ | 말린다 ○ |

〈고르는 법〉
- 선명한 녹색이며 윤기가 흐르는 것.
- 조그마한 돌기가 많고 빽빽하다.
- 굵기가 일정하고 묵직하다.

칼럼 씨와 속 내용물 모두 활용할 수 있다.

씁쓸한 성분 모모루데신은 혈당치를 낮추며, 위의 점막을 보호한다. 비타민 C는 토마토의 5배 이상이며, 피로회복에도 효과가 있다. 얇게 썬 것과 씨, 속을 말려 건강차를 만들어 먹는 것도 좋다.

안심 포인트 얇게 썰어 물에 흔들어 씻는다.

① 표면을 흐르는 물속에서 잘 문질러 씻는다.
② 얇게 썰어 물에 약 30분 정도 담가 놓으면 쓴맛이 약해지고 농약이 빠져나온다.

열매·줄기 채소

냉장 보존

보존기간 **1주일**

구입한 즉시 씨와 속을 파낸다.

STEP 1 — 잘라서

STEP 2

씨와 속을 파낸다.
안에 있는 속 부분이 먼저 상하므로 세로로 반을 잘라 스푼 등으로 씨와 속을 잘 파낸다.

랩으로 잘 싼다.
랩으로 공기가 들어가지 않도록 잘 싸서 채소실에서 보존한다.

memo

특히 씁쓸한 부분은?
여주의 종류나 재배 방법에 따라 다르지만 씨와 속 부분이 특히 쓰다. 씁쓸한 맛이 싫다면 특별히 쓴 부분을 제거한다.

냉동 보존

보존기간 **1개월**

소금에 버무리거나 살짝 데쳐 냉동한다.

소금에 버무리기

데쳐서

소금에 버무려서 냉동
얇게 썰어 소금에 버무린 다음 물에 씻어낸다. 물기를 짠 다음 냉동용 지퍼백에 넣어 급속 냉동시킨다.

데쳐서 냉동한다.
살짝 데쳐 찬물에 헹군 다음 물기를 잘 닦는다. 냉동용 지퍼백에 넣어 급속 냉동한다.

>> **올바른 해동법**

반 해동한 상태에서 물기를 짜낸다.

요리할 때는 반 해동한 상태에서 물기를 짠 다음 사용한다. 식초를 넣어 버무리거나 샐러드, 초밥에 사용해도 편리하다.

상온 보존

보존기간 **3~4일**

신문지에 싸서 보관하면 오래간다.

통째로

신문지로 싼다.
1개를 통째로 신문지에 싸서 냉암소에 놓아둔다.

말린다

보존기간 **1개월**

물에 담가 두었다가 볶음이나 무침에 사용한다.

얇게 썰어 말린다.
세로로 절반을 잘라 속을 파낸 다음 얇게 썰어 소쿠리에 펼쳐서 2일 정도 말린다. 볶음 요리에 좋다.

PART 2 | 채소·과일의 보존법

청대 완두 | 가급적 공기가 들어가지 않게 보존한다.

제철	영양성분	보존 기간
봄 (4~5월) 1 2 3 4 5 6 7 8 9 10 11 12	지방을 연소시켜 주는 아미노산이 풍부하다. 또한 면역력을 높이는 β-카로틴과 비타민 C도 많다.	냉장실에서 1주일

| 냉장 ○ | 냉동 ○
(데친 것) | 상온 ✗ | 절인다 ○ | 말린다 ✗ |

〈고르는 법〉

받침이 확실하게 붙어 있다.

꼬투리가 얇고 안에 든 콩이 작다.

냉동 보존 보존기간 **1개월**

데쳐서

소금을 넣고 데쳐 냉동한다. 꼭지와 줄기를 떼고 소금을 넣고 데친 다음 물기를 닦아 냉동용 지퍼백에 넣는다.

올바른 해동법 얼린 그대로 요리하는 것이 좋다.

가열해 요리하는 경우에는 얼린 채로, 무쳐 먹을 때는 전자 레인지나 뜨거운 물을 부어서 해동한다.

냉장 보존 보존기간 **1주일**

통째로

키친타월과 비닐봉지에 넣는다. 키친타월에 싸서 비닐봉지에 넣고 살짝 묶어 냉장실에 보존한다.

안심 포인트 꼭지, 수염, 줄기를 떼고 데친다.

꼭지·수염·줄기를 뗀다. 끓는 물에 1분 정도 데치면 농약 등 유해물질이 제거된다.

칼럼 영양 유지에 빠질 수 없는 어린 과실

항산화 작용 외에 많은 효능이 있으며 영양가가 높다. 콩에 풍부한 비타민류가 함유되어 있는데, 이를 잘 흡수하기 위해서는 깨소금에 무쳐 먹는 것이 좋다.

열매·줄기 채소

강낭콩

건조를 막아야 신선도를 유지할 수 있다.

제철	영양성분	보존 기간
여름~가을 (6~9월)	항산화 작용이 높은 β-카로틴이 풍부하고 비타민 B군, 칼륨 등도 많다. 고혈압 예방에 효과적.	채소실에서 1주일

1 2 3 4 5 6 7 8 9 10 11 12

| 냉장 ○ | 냉동 ○ (데친 것) | 상온 × | 절인다 ○ | 말린다 ○ |

〈고르는 법〉

두툼하고 안에 들어 있는 콩이 일정하다.

진한 녹색이며 꼬투리 끝이 뾰족하게 뻗어 있다.

❄ **냉동 보존** 보존기간 **1개월**

데쳐서

소금을 넣고 데쳐 냉동한다.
소금을 넣고 데친 다음 물기를 뺀다. 절반으로 잘라 랩으로 싼 다음 냉동용 지퍼백에 넣어 냉동한다.

올바른 해동법 자연 해동하거나 전자 레인지에 해동한다.

사용하기 전날 냉장실로 옮겨 하룻밤 놔두었다가 요리한다. 급할 때는 전자 레인지에 해동해도 된다.

≋ **냉장 보존** 보존기간 **2~3일**

통째로

키친타월로 싸서 보존한다.
키친타월에 싼 다음 비닐봉지에 넣고 살짝 묶어 보존한다.

안심 포인트 꼭지를 따고 데친다.

꼭지를 떼고 흐르는 물에 1개씩 꼼꼼히 문질러 씻는다. 볶을 경우에도 한 번 데쳐서 사용한다.

칼럼 피부미용에 좋은 어린 꼬투리

β-카로틴은 기름이나 참깨와 함께 먹으면 흡수율이 높아지고, 체내에서 비타민 A로 변하므로 피부미용에도 좋다.

PART 2 | 채소·과일의 보존법

셀러리 | 잎과 줄기를 분리해 보존성을 높인다.

제철	영양성분	보존 기간
봄 (3~4월) 1 2 3 4 5 6 7 8 9 10 11 12	특유의 향 성분인 세다놀리드가 식욕을 증진시키며 정신 안정과 두통에 효과적이다.	냉장실에서 **1주일**

| 냉장 ○ | 냉동 ○ | 상온 ✕ | 절인다 ○ | 말린다 ○ |

〈고르는 법〉

잎은 녹색이며 잔가시가 있다.

줄기는 하얗고, 줄무늬가 뚜렷하다.

NG!

절단면의 색이 변했거나 상처가 있다.

칼럼 잎에 많은 영양소가 함유되어 있다.

비타민 B군, 비타민 C, β-카로틴, 칼륨 등이 고루 함유된 셀러리는 줄기보다 잎에 영양소가 많다. 버리지 말고 활용해 보자. 볶음 요리나 수프, 조림에 사용하면 좋다.

안심 포인트 잘 문질러 씻는다.

① 줄기 안쪽도 꼼꼼하게 전체적으로 문질러 씻는다.
② 식초를 탄 물에 5분 정도 담가 두면 유해물질이 제거된다.

열매·줄기 채소

냉장 보존

보존기간 **1주일**

잎과 줄기를 분리한 다음 키친타월과 비닐봉지에 넣어 보관한다.

STEP 1 통째로
잎과 줄기를 분리한다.
잎은 상하기 쉬우므로 잎과 줄기를 분리해 따로 보관한다.

STEP 2
신문지나 랩으로 싼다.
잎과 줄기를 각각 키친타월로 싼 다음 랩으로 다시 싼다.

STEP 3
세워서 보존한다.
깊이가 있는 용기에 넣고 냉장실에 세워서 보존한다. 또는 도어 포켓에 세워서 보존한다.

냉동 보존

보존기간 **1개월**

잎은 냉동한 뒤 부순다.

생으로
냉동용 지퍼백에
잎은 냉동용 지퍼백에 넣어 얼린 후 봉지째 주물러 부순 다음 사용한다. 줄기는 얇게 썰어 냉동한다.

memo

셀러리 잎 활용법
셀러리의 잎은 영양가가 높아서 버리기 아깝다. 남은 잎을 졸이면 셀러리 특유의 향이 남아 맛있는 일품요리를 만들 수 있다. 멸치와 함께 볶거나 달걀과 함께 볶을 수도 있고, 튀김으로 먹어도 좋다.

절인다

보존기간 **1~2주일**

피클을 만들어 두면 오래간다.

피클을 만든다.
보관용기에 스틱 모양으로 자른 셀러리와 피클액을 넣고 냉장실에 보관한다.

말린다

보존기간 **1개월**

말려서 끓이는 요리에 이용

잎과 줄기를 분리해 말린다.
잎은 따고, 줄기는 얇게 썰어 소쿠리에 펼쳐놓고 2일 정도 말린다. 찌개 요리에 넣는다.

PART 2 | 채소·과일의 보존법

다다기 호박 | 저온 장해를 일으키지 않도록 주의한다.

제철	영양성분	보존 기간
여름 (6~8월) 1 2 3 4 5 6 7 8 9 10 11 12	베타카로틴, 비타민 C, 칼륨이 풍부한 저칼로리 식품이다. 아연은 미각 장애 예방에 좋다.	채소실에서 4~5일

| 냉장 ○ | 냉동 ○
(볶은 것) | 상온 ○ | 절인다 ○ | 말린다 ○ |

〈고르는 법〉

꼭지의 절단면이 싱싱하다.

굵기가 일정하며 윤기가 있다.

냉동 보존 — 보존기간 1개월
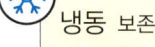
볶아서

살짝 볶아서 소포장한다.
1cm 두께로 둥글게 썰어 살짝 볶은 다음 소포장으로 랩에 싼 뒤 냉동한다.

올바른 해동법 얼린 그대로 요리한다.
얼린 채로 끓이는 요리나, 카레에 넣어 요리한다. 볶음 요리에 쓸 수 있다.

냉장 보존 — 보존기간 4~5일

통째로

신문지로 잘 싼다.
신문지로 싼 다음 비닐봉지에 넣고 살짝 묶어 채소실에서 보관한다.

안심 포인트 살짝 데친다.

흐르는 물속에서 표면을 문질러 씻는다. 농약이 걱정될 경우에는 끓는 물에 살짝 데치면 농약 등 유해물질을 제거할 수 있다. 볶음 요리할 때도 살짝 데쳐 사용한다.

칼럼 부종 해소, 다이어트에 최고의 재료

호박에 들어 있는 β-카로틴은 기름을 사용하면 흡수율이 높아진다. 요리하기 전에 한 번 살짝 볶은 뒤 끓이면 좋다. 저칼로리이므로 다이어트에도 효과적이다.

열매·줄기 채소

옥수수 | 신선도가 빨리 떨어지므로 구입 즉시 삶는다.

제철	영양성분	보존 기간
여름~가을 (6~9월) 1 2 3 4 5 6 7 8 9 10 11 12	주성분인 당질과 단백질은 피로회복에 좋다. 배아 부분에 함유된 비타민 B, E는 동맥경화를 막는다.	삶아서 냉장실에서 **1주일**

| 냉장 O | 냉동 O (데친 것) | 상온 X | 절인다 X | 말린다 O |

〈고르는 법〉

갈색 수염이 많이 붙어 있다.

녹색 껍질이 붙은 것이 신선하다.

냉동 보존 보존기간 **3개월**

삶아서

삶아서 알갱이를 뗀다.
찌거나 삶아서 옥수수 알갱이를 뗀 다음 냉동용 지퍼백에 넣어 냉동한다.

올바른 해동법 자연 해동하거나 뜨거운 물을 붓는다.
전날에 냉장실로 옮겨 하룻밤 놓아 두어 자연 해동하거나 뜨거운 물을 부어 해동한다. 얼린 것을 요리에 사용해도 된다.

냉장 보존 보존기간 **1주일**

삶아서

바로 삶아서 냉장고에 넣는다.
삶아서 열을 식힌 다음 랩에 싸서 냉장실에 보존한다. 생것이라면 2~3일 정도 가능하다.

안심 포인트 삶은 물은 버린다.

재배할 때나 수입할 때 사용하는 농약이 남아 있을 수 있으므로 껍질을 벗겨 물에 씻는다. 삶은 물은 사용하지 말고 버린다.

칼럼 배아 부분의 영양소가 포인트

배아 부분에는 고혈압을 예방하는 필수지방산(리놀산)이 들어 있다. 수염은 부종 해소에 효과가 있으므로 말려서 차로 이용하면 좋다.

PART 2 | 채소·과일의 보존법

양파
습기가 없고 통풍이 잘되는 곳에서 상온 보존.

제철	영양성분	보존 기간
봄 (4~5월) 가을~봄 (9~3월)	비타민 B_1이 풍부해 피로회복에 좋다. 자극 성분인 알리신은 혈액을 맑게 한다.	냉암소에 매달아 **2개월** (햇양파는 냉장실에서 1개월)

1 2 3 4 5 6 7 8 9 10 11 12

| 냉장 ○ | 냉동 ○ (가열해서) | 상온 ○ (햇양파는 ×) | 절인다 ○ | 말린다 ○ |

〈고르는 법〉

껍질이 투명한 갈색이며 윤기가 있다.

윗부분이 단단하다.

NG!
상처가 있거나 싹 또는 뿌리가 나 있다.

칼럼 생으로 먹는 것이 효과적이다.

향 성분인 알리신은 비타민 B_1의 흡수를 돕고, 노폐물을 배출시켜 피로회복에 효과가 있다. 비타민 B_1이 풍부한 돼지고기와 궁합이 좋다. 감기 예방에는 생으로 먹는 것이 약효가 좋다.

안심 포인트 물에 담가 농약을 제거한다.

① 농약이나 살균제를 사용했을 가능성이 있으므로 바깥쪽 껍질은 잘 까서 버린다.
② 전체를 물로 씻어낸다. 단, 영양도 녹아내릴 수 있으므로 살짝 씻는다.

열매·줄기 채소

냉장 보존

보존기간
3~4일 (자른 것)
1주일 (햇양파)

햇양파와 자른 양파는 냉장실에 보존

통째로

신문지나 비닐봉지에 싸서 보존한다.
한 개씩 신문지에 싸거나 비닐봉지에 넣은 다음 살짝 묶어 냉장실에 보존한다. 자른 것은 랩으로 싼다.

절인다

보존기간
2주일

양념해서 보존한다.

간장에 절인다.
자른 뒤 소금을 뿌려 15분 정도 두었다가 간장·식초·참기름·설탕·고춧가루를 넣어 절인다.

냉동 보존

보존기간
1개월

잘 볶은 뒤 냉동 보존한다.

볶아서

잘 볶는다.
채 썰거나 얇게 썰어 기름에 잘 볶는다. 식으면 냉동용 지퍼백에 넣어 냉동한다.

가열해서

전자 레인지에 가열한다.
얇게 썬 양파 1개 분량을 랩으로 씌워 전자 레인지에서 5분 가열한다. 식으면 냉동용 지퍼백에 넣어 냉동한다.

>> **올바른 해동법**

자연 해동하거나 얼린 채로 요리한다.

카레에 사용할 경우에는 얼린 채로 넣어도 된다. 햄버그 스테이크에 넣을 경우에는 전날 냉장실로 옮겨 자연 해동하는 것이 좋다.

상온 보존

보존기간
2개월

통풍이 잘되는 냉암소에 매달아 보관한다.

통째로

망에 넣는다.
구입 즉시 봉지에서 꺼내 망에 넣어 통풍이 잘되는 냉암소에 매달아 둔다.

통째로

골판지 상자에 넣어 보존한다.
양이 많은 경우에는 골판지 상자에 신문지를 깔고 양파를 넣은 다음 위에 신문지를 덮는다.

memo

슬라이스해서 오븐에서 건조.
오븐 시트를 깐 구이판에 슬라이스한 양파를 펼쳐 놓고 저온에서 약 1시간 가열한다. 봉지에 넣어 상온에서 1개월 보존할 수 있다.

PART 2 | 채소·과일의 보존법

토마토 | 익은 토마토는 키친타월로 싸서 보존한다.

제철	영양성분	보존 기간
여름~가을 (6~9월) 1 2 3 4 5 6 7 8 9 10 11 12	항산화 작용이 강한 리코핀은 혈당치를 내리고 동맥경화를 방지한다. 비타민 C가 풍부하고 미백 효과도 있다.	채소실에서 **2주일**

| 냉장 ○ | 냉동 ○ | 상온 ○ | 절인다 △ | 말린다 ○ |

〈고르는 법〉

짙은 붉은 색이며 윤기가 있다.

꼭지가 녹색이며 싱싱하다.

팔방으로 흰 줄기가 보이는 것.

칼럼 토마토 파워로 건강한 신체를

암과 동맥경화를 예방하는 리코펜이 풍부하다. 리코펜은 지용성이기 때문에 드레싱에 이용하는 등 기름과 함께 먹어야 흡수율을 높일 수 있다. 씨 주위에는 감칠맛 성분인 글루타민산이 풍부하다.

안심 포인트 소금물 속에서 문질러 씻는다.

① 부드러운 천을 사용해 소금물 속에서 한 개씩 꼼꼼히 표면을 문질러 씻는다.
② 농약이 걱정된다면 생으로 먹을 때도 뜨거운 물로 껍질을 벗기고 나서 먹으면 안심할 수 있다.

성안당 e러닝 인기 동영상 강의 교재

" 국가기술자격 수험자는 52년 전통의 '성안당' 책이 좋습니다 "

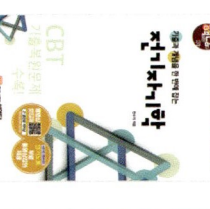
소방설비기사 필기
공하성 지음

소방설비기사 필기
공하성 지음

전기기사
전수기 지음

산업위생관리기사 필기
서영민 지음

전기기사 필기
하현화 지음

화학분석기사 필기
박수경 지음

건설기계설비기사·산업기사 필기
박기현, 김사현 지음

공조냉동기계기사 필기
허원회 지음

품질경영기사 필기
염경철 지음

빅데이터분석기사 필기
김민지 지음

전기기사 필기
문영철, 오우진 지음

건축기사 필기
정하정 지음

영상정보관리사
서태호, 최성문, 최원미 지음

국가기술자격교육 NO.1
합격이 쉬워진다,
합격이 빨라진다!

당신의 합격 메이트,
성안당 이러닝
bm.cyber.co.kr

단체교육 문의 ▶ 031-950-6332

◆ 소방 분야

강좌명	수강료	학습일	강사
소방기술사 전과목 마스터반	620,000원	365일	유정범
[얼리버드 평생연장반] 소방설비기사 전기 x 기계 동시대비	549,000원	합격할 때까지	공하성
소방설비기사 필기+실기+기출문제풀이	370,000원	170일	공하성
소방설비기사 필기	180,000원	100일	공하성
소방설비기사 실기 이론+기출문제풀이	280,000원	180일	공하성
소방설비산업기사 필기	280,000원	130일	공하성
소방설비산업기사 실기	130,000원	100일	공하성
소방설비산업기사 필기+실기+기출문제풀이	200,000원	100일	공하성
소방시설관리사 1차+2차 대비 평생연장반	850,000원	합격할 때까지	공하성
소방공무원 소방관계법규 문제풀이	89,000원	60일	공하성
화재감식평가기사·산업기사	240,000원	120일	김인범

◆ 위험물·화학 분야

강좌명	수강료	학습일	강사
위험물기능장 필기+실기	280,000원	180일	현성호, 박병호
위험물산업기사 필기+실기	245,000원	150일	박수경
위험물산업기사 필기(대학생 패스)	270,000원	최대4년	현성호
위험물산업기사 필기+실기+과년도	344,000원	150일	현성호
위험물기능사 필기+실기	240,000원	240일	현성호
화학분석기사 필기+실기 1회 완성반	310,000원	240일	박수경
화학분석기사 실기(필답형)	200,000원	60일	박수경
화학분석기사 실기(필답형+작업형)	80,000원	60일	박수경

◆ 환경 분야

강좌명	수강료	학습일	강사
온실가스관리기사 필기+실기	280,000원	120일	박기호, 김서현
대기환경기사 필기	160,000원	120일	서성석

◆ 품질경영 분야

강좌명	수강료	학습일	강사
품질경영기사 필기+실기 (Class 합격보장)	299,000원	180일	엄경철 외
품질경영기사 필기 class	200,000원	180일	엄경철
품질경영기사 실기 class	170,000원	120일	엄경철
품질경영 입문 기초 통계의 이해와 적용	150,000원	90일	엄경철

◆ 네트워크·보안 분야

강좌명	수강료	학습일	강사
영상정보관리사	250,000원	60일	서재호, 최상근, 최문미
후니가 알려주는 기초 시스코 네트워킹	280,000원	90일	진강훈
네트워크관리사 1,2급 필기+실기	168,000원	90일	허준
컴퓨터활용능력 2급 필기+실기	40,000원	180일	진강남
비법한 네트워크 구축하기	340,000원	60일	이종훈
쉽게 배우는 시스코 랜 스위칭	102,000원	90일	이종훈
CCNA	250,000원	60일	이종훈
CAD 실무능력평가(CAT) 1급, 2급 실기	72,000원	90일	강민정, 홍성기
인벤터 기초부터 3D CAD 모델링 실무까지	90,000원	90일	강민정, 홍성기
디지털트랜스포메이션	80,000원	30일	주호재

안전 · 산업위생 분야

강좌명	수강료	학습일	강사
산업위생관리기술사 1차 대비반	1,000,000원	365일	임대성
산업위생관리기사 필기+실기	330,000원	240일	서영민
산업위생관리기사 필기	330,000원	240일	서영민
산업위생관리기사 산업위생기(중축패스)	278,000원	365일	서영민
[차+2차] 산업보건건지도사 산업위생분야	700,000원	240일	서영민
가스기사 필기+실기	290,000원	365일	양용석
가스산업기사 필기	280,000원	365일	양용석
산업안전지도사 1차+미스터 합격패키지	545,000원	180일	김지나, 안은식, 이소뉴, 이준호
연구실안전관리사 1차+2차 합격패키지	280,000원	2차 시험일까지	강지호 김병구
중대재해처벌법 실무	320,000원	90일	이소뉴

전기 · 전자 분야

강좌명	수강료	학습일	강사
전기안전기술사 1차 대비반	750,000원	365일	양재학
전기기능장 필기	420,000원	240일	김명
전기기사 펜셋특강 학격보장 패키지	380,000원	180일	전수기, 정종연, 임한구
전기산업기사 펜셋특강 학격보장 패키지	360,000원	180일	전수기, 정종연, 임한구
전기기사 실전장 0원 환급 TRACK	350,000원	전수기, 정종연	전수기, 정종연
전기산업기사 실전장 0원 환급 TRACK	320,000원	시험일까지	오우진, 문영철
[전기기사·공사기사] 쌍기사 평생반	490,000원	학격할 때까지	전수기, 정종연, 임한구
[전기산업기사·공사산업기사] 쌍기사 평생반	450,000원	전수기까지	전수기, 정종연, 임한구
참 쉬운 전기기능사 필기+실기(프로패스)	230,000원	365일	류선희, 홍성주 외

건축 · 토목 · 농림 분야

강좌명	수강료	학습일	강사
전자기사 필기+실기(작업형)	360,000원	240일	김태영
[전기편] 토목시공기술사 1차 대비반	1,000,000원	180일	권유동
[ALL PASS] 토목시공기술사 1차 대비반	700,000원	180일	권유동
건설안전기술사 1차 대비반	540,000원	365일	정주수
건축시공기술사 1차 대비반	750,000원	365일	서영민
건축전기설비기술사 1차 대비반	1,400,000원	360일	신유창
도로 및 공항기술사	567,000원	365일	박중성
건축기사 필기+실기 패키지(프로패스)	280,000원	180일	안병관 외
건축산업기사 필기	190,000원	120일	안병관 외
건축기사 필기	260,000원	90일	정하정
토목기사 필기	280,000원	210일	김경호
산림기사 필기+실기 대비반	350,000원	180일	이영득, 박자실, 이진널
유기농업기사 필기	200,000원	90일	이영득
식물보호기사 필기+실기(출신형)	270,000원	240일	이영득
지적기사+산업기사 필기+실기 대비반	250,000원	180일	송용희
농산물품질관리사 1차+2차 대비반	110,000원	180일	고송남, 김병호
수산물품질관리사 1차+2차 대비반	110,000원	180일	고송남, 김병호

정보통신 분야

강좌명	수강료	학습일	강사
[속성반] 빅데이터분석기사 필기+실기	270,000원	180일	김민지
[정규반] 빅데이터분석기사 쓰신기기사 필기	370,000원	240일	김민지
정보처리기사 필기+실기	146,000원	90일	권우석

기계 · 역학 분야

강좌명	수강료	학습일	강사
건설기계기술사 1차 대비반	630,000원	350일	김순채
산업기계설비기술사 1차 대비반	495,000원	360일	김순채
기계제작기술사 1차 대비반	612,000원	360일	이재석 외
공조냉동기계기사 필기+실기(필답형)	630,000원	180일	허원회
공조냉동기계기사 필기	250,000원	90일	허원회
공조냉동기계기사 필기	180,000원	90일	허원회
[합격할 때까지] 공조냉동기계기사 필기+실기(필답형)	300,000원	합격할 때까지	허원회
에너지관리기사 필기+실기(필답형)	290,000원	240일	허원회
[합격할 때까지] 에너지관리기사 필기+실기(필답형+작업형)	340,000원	합격할 때까지	허원회
신재생에너지발전설비기사 자격취득반	280,000원	180일	허원철
[무한연장] 전산응용기계제도기능사 필기+CBT 모의고사	170,000원	60일	박민향 덕분기
핵심 공조냉동기계기능사 필기+과년도	210,000원	210일	김순채
공조냉동기계기능사 필기+과년도	280,000원	240일	김순채

기타 분야

강좌명	수강료	학습일	강사
지텔프 킬링 포인트 65점 목표 달성	130,000원	90일	오정석
지텔프 킬링 포인트 50점 목표 달성	99,000원	60일	오정석
지텔프 킬링 포인트 43문장반	60,000원	30일	오정석
PMP 자격대비	350,000원	60일	강신봉, 김장수
이러운운관리사 합격 보장반	150,000원	150일	김만지
업무 생산성을 활동하는 AI 서비스	70,000원	150일	김용철

열매·줄기 채소

냉장 보존

보존기간: **2주일**

꼭지를 아래로 해서 겹치지 않도록 비닐봉지에 넣어 보존한다.

STEP 1 — 통째로
하나씩 싼다.
잘 익은 것은 더욱 상하기 쉬우므로 하나씩 키친타월에 싼다.

STEP 2
비닐봉지에 넣는다.
꼭지를 아래로 해서 비닐봉지에 넣고 살짝 묶어 채소실에 보존한다.

memo

오일 절임이 편리하다.

끓는 물에 소독한 병에 말린 토마토, 마늘, 고추를 넣고 오일을 붓기만 하면 된다. 파스타 소스로 사용하면 좋다.

냉동 보존

보존기간: **1개월**

통째로 또는 잘라서 냉동한다.

생으로
통째로 냉동
통째로 냉동하면 해동할 때 껍질을 벗기기 편하다. 냉동용 지퍼백에 꼭지가 아래로 가도록 넣고 냉동한다.

생으로
잘라서 냉동
큼직하게 썬 다음 냉동용 지퍼백에 넣어 냉동한다.
토마토 소스로 만들어 냉동할 수도 있다.

>> **올바른 해동법**

전자레인지에 해동하는 것이 편리하다.

내열 접시에 올려 그대로 전자레인지에서 해동한다. 쉽게 껍질을 벗길 수 있어 수프나 조림요리에 사용하기 좋다.

상온 보존

보존기간: **2~3일**

덜 익은 토마토나 한여름 이외에는 상온에서 보관.

통째로
냉암소에서 보관한다.
온도는 15~25℃가 적당하다. 신문지에 싼 다음 꼭지가 밑으로 가게 바구니에 넣어 냉암소에 둔다.

말린다

보존기간: **1개월**

생것보다 향이 좋고 농후한 맛이 있다.

토마토를 말린다.
둥글게 썰어 씨와 물기를 제거한 다음, 오븐 시트를 깐 구이판에 펼쳐놓고 저온에서 약 1시간 가열한다.

PART 2 | 채소·과일의 보존법

가지

저온 장해가 되기 쉬우므로 채소실에서 보존한다.

제철	영양성분	보존 기간
여름~가을 (6~9월)	껍질의 색소, 나스닌이라 불리는 폴리페놀의 일종은 항산화 작용이 있어 생활습관병을 예방한다.	채소실에서 **1주일**

1 2 3 4 5 6 7 8 9 10 11 12

| 냉장 ○ | 냉동 ○ (가열해서) | 상온 ○ | 절인다 ○ | 말린다 ○ |

〈고르는 법〉

꼭지가 거무스름하고 가시가 있다.

짙은 자주색이며 반들반들 윤기가 있다.

NG!
상처와 주름이 있는 것은 좋지 않다.

칼럼 소금을 사용해 칼로리를 억제한다.

기름으로 조리하면 나스닌 흡수가 더 잘되지만 불필요한 기름을 흡수해 고칼로리가 될 수 있다. 기름으로 조리하기 전에 가지를 잘라서 소금물에 담가 두거나 소금을 뿌려 두면 기름의 지나친 흡수를 방지할 수 있다.

안심 포인트 두 번 물에 담근다.

① 스펀지 등을 사용해 잘 문질러 씻는다.
② 자른 다음 다시 물에 담가두면 떫은 성분이 빠지고 변색도 막을 수 있다.

열매·줄기 채소

냉장 보존

보존기간 **1주일**

너무 차가워지지 않도록 주의한다.

STEP 1

통째로

키친타월로 싼다.
저온 장애가 되기 쉬우므로 직접 냉기가 닿지 않도록 키친타월로 싼다.

STEP 2

비닐봉지에 넣는다.
1개씩 키친타월로 싼 다음 비닐 봉지에 넣고 살며시 묶어 채소실에 세워서 보관한다.

memo

절임이 잘 맞는 채소
소금절임, 겨자절임, 누룩절임 등 다양하다. 적당히 수분이 빠져 꼬들꼬들한 식감을 맛볼 수 있다.

냉동 보존

보존기간 **1개월**

가열해 흐물흐물해지면 냉동한다. 수분을 빼는 것이 포인트!

STEP 1

볶아서

썰어서 볶는다.
둥글게 먹기 좋은 크기로 잘라 기름에 볶은 다음 식힌다.

STEP 2

냉동용 지퍼백에 넣어 냉동한다.
냉동용 지퍼백에 넣어 공기를 뺀 다음 밀폐해 냉동한다.

>> 올바른 해동법

급할 때는 전자 레인지에서 해동하면 편리하다.

볶은 가지는 얼린 채로 요리한다. 구운 가지는 전날 냉장실로 옮겨 자연 해동한다. 급할 때는 전자 레인지에서 해동한다.

상온 보존

보존기간 **1~2일**

신문지에 싸서 실내의 냉암소에 보관한다.

통째로

종이에 하나씩 싼다.
신문지에 하나씩 싼 다음 바구니에 넣어 냉암소에 세워 둔다.

말린다

보존기간 **1개월**

절임 요리, 끓이는 요리, 국물 요리에 적합하다.

떫은맛을 제거한 뒤 말린다.
세로로 4등분한 다음 물에 담가 떫은맛을 제거한다. 물기를 닦아 소쿠리에 펼쳐놓고 3일 정도 말린다.

PART 2 | 채소·과일의 보존법

피망·파프리카 | 물기를 싫어하는 채소는 통풍이 중요하다.

제철	영양성분	보존 기간
여름 (6~8월) 1 2 3 4 5 6 7 8 9 10 11 12	비타민 C, 비타민 E, β-카로틴과 칼륨이 풍부해 감기나 여름을 타는 것을 방지하고, 면역력 향상에도 좋다.	채소실에서 피망 : **3주일** 파프리카 : **10일~2주일**

| 냉장 ○ | 냉동 ○ | 상온 ○ | 절인다 ○ | 말린다 ○ |

〈고르는 법〉

꼭지가 싱싱하다.

색이 선명하고 윤기가 있다.

색의 얼룩이 없다.

칼럼   피망 vs 파프리카. 영양의 승패는?

피망에는 영양소가 풍부하지만, 파프리카는 피망보다도 비타민 C가 많고 β-카로틴도 피망의 7배나 들어 있다. 붉은 피망과 붉은 파프리카는 항산화 성분인 캅산틴도 함유하고 있다.

안심 포인트   씨와 속을 파내고 안쪽도 씻는다.

① 반으로 잘라 씨와 속을 파내고, 속과 겉을 잘 씻는다. 끓는 물에 30초 정도 넣은 뒤 물에 씻으면 농약을 제거할 수 있다.
② 파프리카는 거무스름하게 구워 껍질을 벗기면 보다 안심할 수 있다.

열매·줄기 채소

냉장 보존

보존기간
피망: 3주일,
파프리카: 10일~ 2주일

키친타월이나 비닐봉지로 통기성을 높여 보존한다.

통째로

자른 것

키친타월로 싼다.
통째로 키친타월로 싼 다음 비닐봉지에 넣고 살짝 묶어 채소실에 보존한다.

씨와 속을 파낸다.
자른 것은 씨와 속을 파내고 랩으로 싼다. 2~3일 안에 먹는 것이 좋다.

memo

비닐봉지는 밀봉하지 않는다.

비닐봉지는 밀봉하지 않고 살짝 묶거나 포크로 구멍을 뚫어 두면 좋다.

냉동 보존

보존기간
1개월

사용하기 좋은 크기로 잘라 냉동한다.

STEP 1 / 생으로

STEP 2

채를 썬다.
채 썰기 등 사용하기 좋게 자른다. 생으로 냉동해도 되고, 데치거나 볶은 뒤 냉동해도 된다.

랩으로 싼다.
사용하기 좋은 분량으로 나눠 랩으로 싼 다음 냉동한다. 얼면 냉동용 지퍼백에 넣는다.

>> 올바른 해동법

자연 해동 또는 얼린 채로 요리한다.

데친 것을 무침에 사용할 때는 전날 냉장실로 옮겨 자연 해동한다. 국이나 볶음에 사용할 때는 얼린 채 넣는다.

상온 보존

보존기간
1주일

냉암소에 보존한다.

신문지에 싼다.
피망이나 파프리카는 상온 보존에 적합한 채소다. 1개씩 신문지에 싸서 냉암소에 둔다.

말린다

보존기간
1개월

볶음 요리나 끓이는 요리에 사용할 수 있다.

자른 면이 위로 향하게 한다.
반으로 잘라 씨와 속을 빼내고 자른 면이 위로 향하게 소쿠리에 펼쳐놓고 2일 정도 말린다.

PART 2 | 채소·과일의 보존법

브로콜리 | 3중 커버를 하면 오래간다.

제철	영양성분	보존 기간
가을~봄 (11~3월) 1 2 3 4 5 6 7 8 9 10 11 12	β-카로틴은 물론 비타민 C가 풍부하고 영양가가 높다. 감기 예방과 면역력을 높이는 데 효과적이다.	냉장실에서 **2주일**

| 냉장 O | 냉동 O
(데친 것) | 상온 ✕ | 절인다 ✕ | 말린다 O |

〈고르는 법〉

가운데가 볼록하다.

봉오리 색이 진하고 단단하다.

줄기의 단면이 싱싱하다.

칼럼 줄기까지 통째로 먹을 수 있는 채소.

브로콜리에는 항산화물질이 풍부하게 들어 있어 최근 주목을 받고 있다. 비타민 C는 레몬의 2배나 된다. 가열할 때는 비타민 C가 유출되지 않도록 살짝 데치고 찬물에는 씻지 않는다.

안심 포인트 작은 봉오리로 나눠 씻은 뒤 데친다.

① 줄기와 봉오리 부분에 농약이 남아 있을 수 있으므로 작은 봉오리로 나눠 소금물에 담갔다가 흔들어 씻는다.
② 살짝 데치면 보다 안심하고 먹을 수 있다.

열매·줄기 채소

냉장 보존

보존기간 **2주일**

3중 커버를 하면 보다 오래 보존할 수 있다.

 »  »

STEP 1 봉오리 부분을 싼다.
키친타월로 브로콜리의 봉오리 부분을 덮듯이 확실히 싼다.

STEP 2 랩으로 덮는다.
키친타월 위에 다시 랩으로 덮는다. 이렇게 하면 에틸렌 가스를 억제할 수 있다.

STEP 3 비닐봉지를 덮어씌운다.
비닐봉지를 덮어씌우고 살짝 묶는다. 줄기가 밑으로 오도록 냉장실에 세워서 보존한다.

냉동 보존

보존기간 **1개월**

작은 봉오리로 쪼개 데친 뒤 냉동.

 »

STEP 1 작은 봉오리로 쪼개 데친다.
작은 봉오리로 쪼개 소금을 넣은 끓는 물에 살짝 데친다. 줄기는 껍질을 벗겨 세로로 2~3등분 한 다음 살짝 데친다.

STEP 2 냉동용 지퍼백에 넣어 냉동한다.
물기를 잘 닦아 작은 봉오리가 겹치지 않도록 냉동용 지퍼백에 넣고 공기를 뺀 다음 냉동한다.

> **» 올바른 해동법**
>
> 자연 해동하거나 얼린 채로 요리한다.
>
> 샐러드에 사용할 경우에는 전날 냉장실로 옮겨 자연 해동한다.
>
> 볶음 요리나 끓이는 요리 등 가열해 사용할 때는 얼린 채로 넣어도 된다.

말린다

보존기간 **1개월**

말리기 전에 잘 씻는다.

 »

STEP 1 잘 씻어 물기를 제거한다.
작은 봉오리로 쪼개 잘 씻은 다음 물기를 빼고 살짝 데쳐 말린다.

STEP 2 작은 봉오리로 쪼개 말린다.
소쿠리에 펼쳐 3일 정도 말린다. 누르스름해지면 걷어 들인다.

memo

말린 브로콜리 사용법

말린 것은 물에 30분 정도 담가 두었다가 물기를 잘 뺀 다음 무침, 볶음 요리, 끓이는 요리에 사용한다.

PART 2 | 채소·과일의 보존법

순무

구입 즉시 잎을 떼서 보존하면 오래간다.

제철	영양성분	보존 기간
봄 (3~5월) 겨울 (11~1월) 1 2 3 4 5 6 7 8 9 10 11 12	순무 잎에는 베타카로틴과 칼슘이 들어 있어 영양 만점이다. 뿌리에는 비타민 C가 풍부하다.	냉장실에서 **1주일**

| 냉장 ○ | 냉동 ○ | 상온 ○ (1~2일) | 절인다 ○ | 말린다 ○ |

〈고르는 법〉

줄기는 곧고 일정한 색이다.

뿌리는 하얗고 윤기가 있다.

달걀보다 조금 더 크다.

칼럼 잎은 영양소가 풍부하므로 버리지 않는다.

잎에는 칼슘, β-카로틴, 비타민 C가 풍부하게 들어 있으므로 볶음 등에 이용하면 좋다. 뿌리 부분은 위와 장을 돕는 역할을 하므로 익히지 않고 날로 먹는 것이 좋다. 무처럼 즙을 만들어도 좋다.

안심 포인트 잘 씻어 껍질을 벗긴다.

① 흐르는 물에서 스펀지 등을 사용해 표면을 잘 문질러 씻는다. 껍질을 벗기면 보다 안심할 수 있다.
② 줄기의 뿌리 쪽은 흙 등이 뭉쳐 있을 수 있으므로 줄기를 벌려 사이 사이를 잘 씻어낸다.

뿌리채소

냉장 보존

보존기간
1주일 (뿌리)
2~3일 (잎)

잎과 뿌리는 따로 보존한다.

STEP 1

잎을 뗀다.
잎이 붙어 있으면 뿌리의 수분을 빼앗으므로 줄기를 3cm 정도 남기고 자른다.

STEP 2

신문지에 싼다.
뿌리 부분은 신문지에 싼 다음 비닐봉지에 넣어 냉장실에 보존한다. 자른 것은 랩으로 싼다.

STEP 3

잎은 즉시 데친다.
잎은 상하기 쉬우므로 소금 넣은 물에 데친 다음 랩으로 싸서 냉장실에 보존한다. 냉동한다면 1개월.

냉동 보존

보존기간
1개월

데치거나 소금에 버무려 냉동한다.

데쳐서

꼬치 모양으로 잘라 데친다.
꼬치 모양으로 잘라 소금을 넣은 물에 살짝 데친다. 랩에 싸서 급속 냉동 후 냉동용 지퍼백에 넣어 냉동한다.

소금에 버무려

얇게 썰어 소금에 버무린다.
얇게 썰어 소금에 버무린 다음 물기를 짠다. 냉동용 지퍼백에 넣어 냉동한다.

>> **올바른 해동법**

자연 해동하거나 얼린 채로 요리한다.

데친 순무는 얼린 채 끓인다. 소금에 버무린 순무는 전날 냉장실로 옮겨 자연 해동해 무침이나 샐러드에 사용한다.

말린다

보존기간
1개월

맛이 잘 우러나오므로 끓이는 요리나 수프에.

둥글게 잘라 말린다.
폭 6cm 정도의 크기로 잘라 소쿠리에 펴서 3일 정도 말린다. 반원으로 잘라도 좋고 은행잎 모양으로 잘라도 좋다.

memo

순무 잎도 말린다?
뿌리에서 뗀 잎은 그대로 1개씩 뜯어도 좋고 잘게 썰어 뿌리와 함께 말려도 좋다.

순무와 다시마는 궁합이 좋다.
순무와 다시마는 궁합이 잘 맞아 센마이쓰케(千枚漬け: 순무를 얇게 썰어 미림·누룩 등에 절인 것. 교토의 명산물), (아사즈케: 채소절임)처럼 함께 담그면 더 맛있다.

PART 2 | 채소·과일의 보존법

우엉

건조와 습기를 싫어하므로 보존에 신경써야 한다.

제철	영양성분	보존 기간
가을~겨울 (11~1월)	이눌린, 셀룰로오스, 리그닌 등 식이섬유가 풍부해 변비해소, 정장작용이 있다.	흙 묻은 것은 냉소에서 **1개월**

1 2 3 4 5 6 7 8 9 10 11 12

| 냉장 ○ | 냉동 ○ (데친 것) | 상온 ○ | 절인다 ○ | 말린다 ○ |

〈고르는 법〉

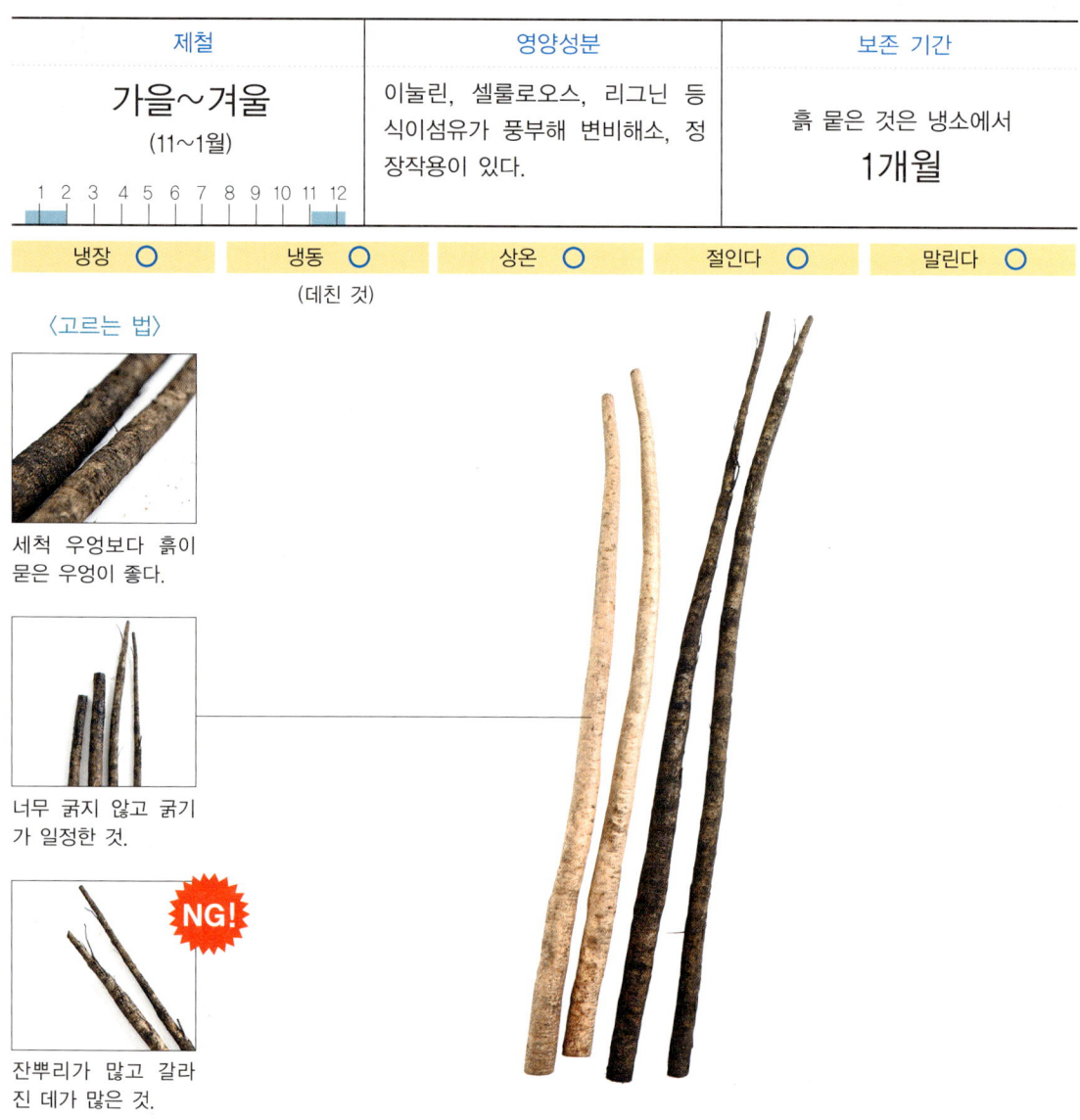

세척 우엉보다 흙이 묻은 우엉이 좋다.

너무 굵지 않고 굵기가 일정한 것.

NG!
잔뿌리가 많고 갈라진 데가 많은 것.

칼럼 껍질째 먹으면 몸속부터 젊어진다.

우엉의 껍질에는 항산화 작용이 있는 폴리페놀과 사포닌 등이 많이 함유되어 있으므로 벗기지 않고 수세미나 칼 등으로 긁어내는 정도가 좋다. 껍질째 얇게 썰어 말리거나 볶아 미용건강차를 만들어도 좋다.

안심 포인트 식초물에 절인다.

① 흙속의 농약을 제거하기 위해서는 흐르는 물에 수세미 등을 사용해 표면을 잘 문질러 씻는다.
② 잔류 농약이나 떫은맛을 제거하기 위해서 식초에 담가 두었다가 사용하는 것도 좋다. 식초에 담그면 변색도 막을 수 있다.

뿌리채소

냉장 보존

보존기간
2개월 (흙 묻은 것)
1주일 (세척 우엉)

키친타월이나 비닐봉지로 통기성을 높여 보존한다.

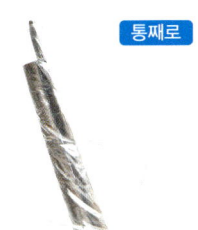
통째로

세척우엉은 비닐봉지에 넣는다.
세척 우엉은 냉장실에 넣을 만한 길이로 잘라 비닐봉지에 넣거나 랩으로 싸서 세워 보존한다.

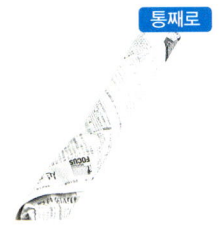
통째로

흙 묻은 우엉은 신문지에 싼다.
흙 묻은 우엉은 냉장실에 넣을 만한 길이로 잘라 신문지에 싸서 비닐봉지에 넣은 다음 세워서 보존한다.

memo

조림을 만들어 보존하면 오래간다.

긴피라 고보(일식 우엉 조림)를 만들어 냉동하면 도시락 반찬으로도 편리하게 이용할 수 있다. 새콤달콤해서 1개월 정도 보존 가능하다.

냉동 보존

보존기간
1개월

사용하기 좋은 크기로 잘라 냉동한다.

STEP 1 / 데쳐서

얇게 잘라 데쳐서 냉동한다.
조릿대 잎 모양으로 얇게 잘라 기름을 몇 방울 떨어뜨린 끓는 물에 1분 정도 데쳐 소쿠리에 건져 놓는다.

STEP 2

냉동용 지퍼백에 넣어 냉동한다.
열이 식으면 냉동용 지퍼백에 넣어 급속 냉동한다. 소포장으로 랩에 싸서 냉동해도 된다.

>> 올바른 **해동법**

자연 해동이나 전자 레인지에서 해동한다.

무침이나 샐러드에 사용할 때는 전날 냉장실로 옮겨 자연 해동하거나 전자 레인지에서 해동한다. 가열하는 요리에는 얼린 채 사용해도 좋다.

상온 보존

보존기간
1개월

실내의 냉암소에 보존한다.

신문지에 싼다.
흙 묻은 우엉은 신문지에 싸서 냉암소에 세워 보존한다. 흙속에 묻어두면 더 오래간다.

말린다

보존기간
1개월

끓이거나 국물 요리에 넣으면 맛이 살아난다.

얇게 썰어 말린다.
씻어 물기를 뺀 다음 어슷썰기 하여 3일 정도 말린다.

PART 2 | 채소·과일의 보존법

무

잎이 붙어 있는 것은 즉시 떼어서 보존한다.

제철	영양성분	보존 기간
가을~봄 (11~3월) 1 2 3 4 5 6 7 8 9 10 11 12	무 잎에는 β-카로틴과 칼슘이 풍부하다. 뿌리에는 이소티오시안 산염이 함유되어 있어 암 예방과 살균작용을 한다.	냉장실에서 **2주일**

| 냉장 ○ | 냉동 ○ | 상온 ○ (3일 정도) | 절인다 ○ | 말린다 ○ |

〈고르는 법〉

잎은 짙은 녹색이다.

뿌리는 하얗고 굵으며 잔뿌리가 적다.

좀 묵직하다.

칼럼 매운맛 성분에 주목!

무의 매운맛 성분에 들어 있는 아릴 이소티오시아네이트는 암 예방과 혈전 예방에 효과적이다. 생것을 요리에 곁들이면 소화를 촉진하고 살균 작용을 한다.

안심 포인트 잎과 껍질을 떼어낸다.

① 뿌리를 사용할 때는 위쪽을 1cm 정도 잘라 버린다. 껍질을 벗길 때는 좀 두껍게 벗긴다.
② 잎은 물속에서 흔들어 씻는다. 큼직하게 썰어 한 번 뜨거운 물에 넣었다가 빼면 안심할 수 있다.

뿌리채소

냉장 보존

보존기간
2주일
(뿌리)
2~3일
(잎)

잎이 붙어 있는 것은 잘라낸다.

통째로

신문지로 싼다.
잎이 붙어 있는 것을 구입했다면 잎이 뿌리의 수분을 빼앗아가므로 잘라 버리고 통째로 신문지에 싼다.

자른 것

잘라서 랩에 싼다.
냉장실에 들어가는 길이로 자른 다음 랩으로 싸서 세워 보존한다.

소금에 버무린다

잎은 데치거나 소금에 버무린다.
잎은 소금 넣은 물에 데치거나 소금에 버무린다. 적은 분량으로 나눠 랩으로 싼 다음 냉장실에 보존한다. 냉동한다면 1개월 정도.

냉동 보존

보존기간
1개월

데치거나 갈아서 냉동.

데쳐서

살짝 데쳐서 냉동한다.
얇게 은행잎 모양으로 썰어 살짝 데친 뒤 냉동용 지퍼백에 넣어 냉동한다.

생으로

갈아서 냉동한다.
갈아서 냉동용 지퍼백에 넣은 다음 평평하게 펴서 급속 냉동한다.

>> **올바른 해동법**

자연 해동이나 전자 레인지에 해동한다.

무를 갈아서 냉동한 것은 전날 냉장실로 옮겨 자연 해동한다. 데쳐서 얼린 것은 국물 요리나 끓이는 요리에 사용한다. 급할 때는 전자 레인지에서 해동한다.

말린다

보존기간
1개월

뿌리, 껍질, 잎을 말려 활용한다.

잘라서 말린다.
막대 모양으로 썰기, 채 썰기 등 요리에 어울리게 썰고, 소쿠리에 펴서 2일 정도 말린다.

잎과 껍질을 말린다.
잎과 껍질은 소쿠리에 펴서 2일 정도 말린다. 채를 썰어 말리면 조림이나 뿌려먹는 요리에 좋다.

memo

썰어 말린 무는 영양 만점

무를 잘라 말리면 수분이 빠져 영양과 맛이 좋아진다. 칼슘과 철, 기타 영양소도 많아진다.

PART 2 | 채소·과일의 보존법

당근 | 물기를 닦아 보존한다.

제철	영양성분	보존 기간
가을 (9~11월)	β-카로틴 함유량이 채소 중에서 가장 뛰어나다. 면역력을 높이고 암을 예방한다.	냉장실에서 2~3주일

1 2 3 4 5 6 7 8 9 10 11 12

| 냉장 ○ | 냉동 ○ | 상온 ○ | 절인다 ○ | 말린다 ○ |

〈고르는 법〉

잎을 잘라낸 단면이 작다.

표면이 매끄럽고 윤기가 있다.

잔뿌리가 적다.

칼럼 기름에 볶으면 영양이 더 높아진다.

β-카로틴의 흡수율을 높이기 위해서는 생것으로 먹기보다 끓이는 요리, 끓이는 요리보다는 기름에 볶는 요리가 효과적이다. 또한 비타민 C의 유출을 막는 전자 레인지 요리를 권할 만하다. 생것으로 먹을 때는 레몬이나 식초를 뿌리면 좋다.

안심 포인트 잘 씻는다.

① 흙 속의 농약을 제거하기 위해서는 흐르는 물속에서 수세미 등을 사용해 표면을 잘 문질러 씻는다.
② 카로틴 등 영양소는 껍질 바로 밑에 있으므로 껍질은 얇게 깎는 것이 좋다.

뿌리채소

냉장 보존

보존기간 **2~3주일**

젖지 않게 보존하면 오래간다.

STEP 1 — 통째로

물기를 닦는다.
비닐봉지는 젖어 있는 경우가 있으므로 물기를 닦는다. 잎이 붙어 있는 것은 떼어낸다.

STEP 2

신문지로 1개씩 싼다.
수분에 약하므로 신문지로 1개씩 싼다.

STEP 3

세워서 보존한다.
신문지로 싼 뒤 비닐봉지에 넣어 살며시 묶고 냉장실에 세워서 보존한다.

냉동 보존

보존기간 **2개월**

생으로 또는 살짝 데쳐 냉동 보존한다.

생으로

잘라 생으로 보존
얇게 은행잎 모양으로 썰거나 채 썰어 랩에 평평하게 싼 다음 냉동용 지퍼백에 넣어 냉동한다.

데쳐서

살짝 데쳐 냉동
살짝 데쳐 소쿠리에 건져 열을 식힌 뒤 냉동용 지퍼백에 넣어 냉동한다.

>> **올바른 해동법**

자연 해동이나 전자 레인지에서 해동한다.

데친 당근은 전날 냉장실로 옮겨 자연 해동하거나 전자 레인지에서 해동한다. 생으로 냉동한 것은 얼린 채 국물 요리나 볶음에 사용해도 좋다.

상온 보존

보존기간 **1주일**

습기를 싫어하므로 냉암소에 보존한다.

통째로

신문지에 싼다.
신문지에 1개씩 싸서 냉암소에 세워서 보존한다. 흙속에 묻어 두면 더 오래간다.

말린다

보존기간 **1개월**

끓이거나 국물 요리 외에도 채소밥에 넣어도 좋다.

펴서 말린다.
둥글게 썰기, 채 썰기 등 요리에 알맞게 썰고 소쿠리에 펴서 2일 정도 말린다.

PART 2 | 채소·과일의 보존법

연근

건조와 저온 장애에 주의해서 보존한다.

제철	영양성분	보존 기간
가을~봄 (11~3월) 1 2 3 4 5 6 7 8 9 10 11 12	가열에 강한 비타민 C가 풍부해 레몬과 맞먹는다. 식이섬유의 일종, 뮤친 같은 점질 다당류를 함유하고 있다.	냉장실에서 **1주일**

| 냉장 ○ | 냉동 ○ | 상온 ○ | 절인다 ○ | 말린다 ○ |

〈고르는 법〉

자른 면과 구멍이 변색되지 않았다.

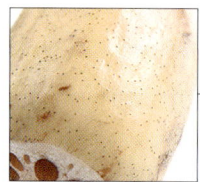

껍질이 연한 갈색이며 싱싱하다.

볼록하게 둥글고 두껍다.

칼럼 다양한 영양소가 건강을 돕는다.

점성 물질인 뮤친을 함유하고 있어 자른 면에서 실처럼 끈적한 물질이 나온다. 탄닌은 폴리페놀 성분으로 항산화 작용도 하며, 변색이 되는 원인 물질이기도 하다. 주성분이 전분이므로 당질 다이어트 중인 사람은 주의하는 것이 좋다.

안심 포인트 잘 씻어 식초 탄 물에 담가둔다.

① 흙속의 농약을 제거하기 위해서는 흐르는 물속에서 스펀지 등을 사용해 표면을 잘 문질러 씻는다.
② 껍질을 벗기고 식초 탄 물에 담가두면 갈색으로 변색되는 것을 방지할 수 있다.

뿌리채소

냉장 보존

보존기간
1주일
(통째)

4~5일
(자른 것)

마르지 않게 신문지나 비닐봉지에 싸서 냉장실에 보관한다.

STEP 1 통째로
신문지에 싼다.
건조와 저온 장해를 막기 위해 신문지로 싼다.

STEP 2
비닐봉지에 넣는다.
비닐봉지에 넣고 끝을 가볍게 묶은 다음 냉장실에 세워 보존한다.

자를 것
소금물에 담근다.
자른 것은 소금물에 담가두었다가 물기를 닦은 다음 자른 면에 랩을 씌워 비닐봉지에 넣는다.

냉동 보존

보존기간
1개월

살짝 데쳐 냉동용 지퍼백에 넣어 냉동한다.

STEP 1 데쳐서
살짝 데친다.
껍질을 벗기고 둥글게 또는 반월형으로 잘라 살짝 데친 다음 소쿠리에 건져 식힌다.

STEP 2
냉동용 지퍼백에 넣는다.
냉동용 지퍼백에 넣어 냉동한다. 조림을 만들어 냉동하는 것도 좋다.

>> 올바른 해동법

얼린 채 요리하거나 자연 해동한다.

볶거나 끓이는 등 가열하는 요리를 할 때는 얼린 채 요리해도 된다. 샐러드 등을 할 때는 전날 냉장실로 옮겨 자연 해동한다.

상온 보존

보존기간
2~3일

실내의 냉암소에 보존한다.

통째로
신문지에 싼다.
신문지에 싼 다음 실내의 통풍이 잘되는 냉암소에 세워서 보존한다.

말린다

보존기간
1개월

거무스름해져도 먹을 수 있다.

얇고 둥글게 썰어 말린다.
씻어서 물기를 닦고 둥글게 썬 다음 소쿠리에 펴서 2일 정도 말린다. 껍질은 벗기지 않아도 된다.

PART 2 | 채소·과일의 보존법

고구마 | 신문지에 싸서 상온 보존하는 것이 가장 좋다.

제철	영양성분	보존 기간
가을 (9~11월)	감자의 2배 정도 되는 식이섬유를 함유하고 있어 변비 해소에 좋다. 비타민 C와 폴리페놀 성분이 면역력을 높인다.	냉암소에서 **1개월**

1 2 3 4 5 6 7 8 9 10 11 12

| 냉장 ○ | 냉동 ○ (삶은 것) | 상온 ○ | 절인다 × | 말린다 ○ |

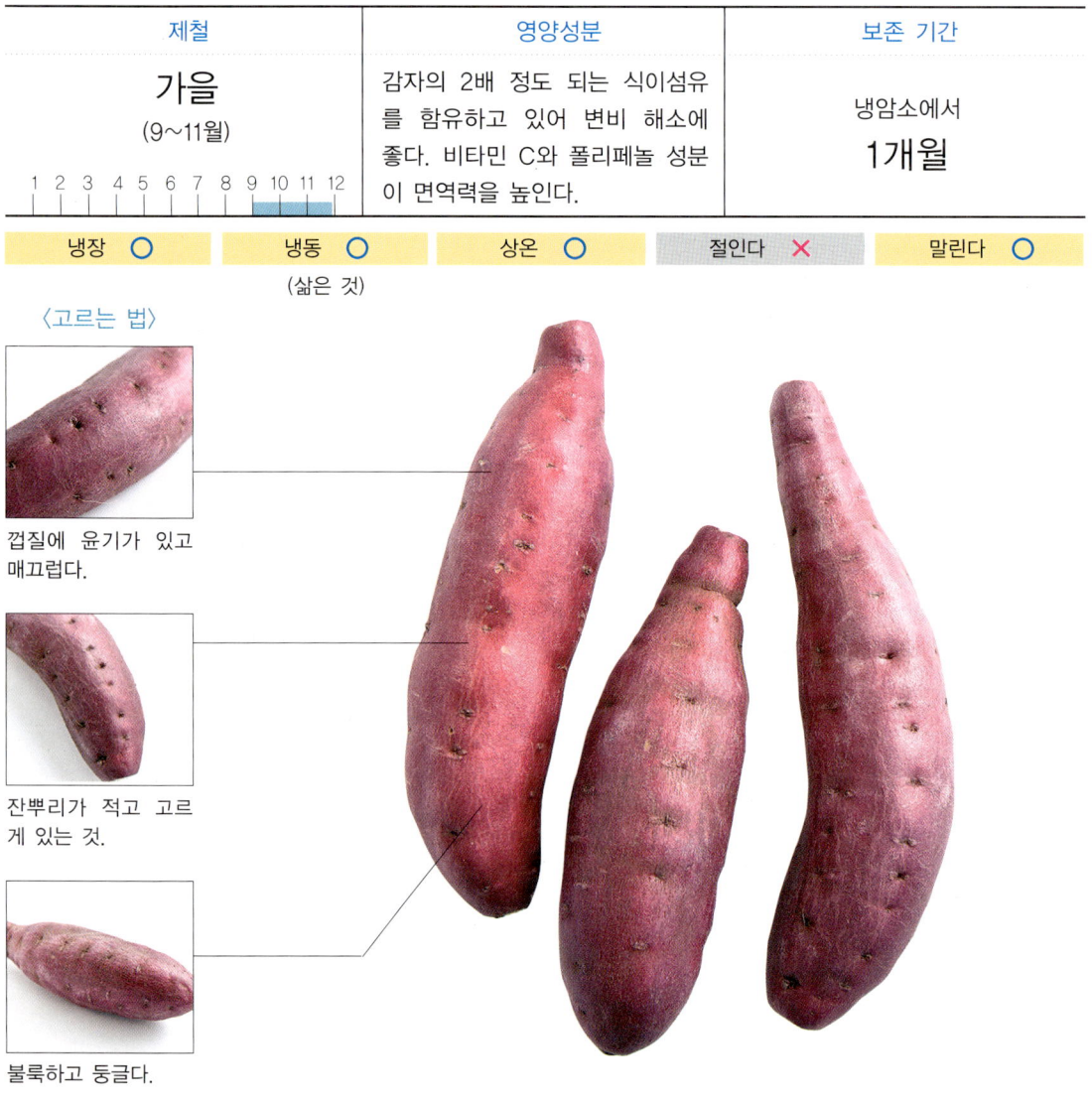

〈고르는 법〉

껍질에 윤기가 있고 매끄럽다.

잔뿌리가 적고 고르게 있는 것.

불룩하고 둥글다.

칼럼 달군 돌에 구운 고구마가 달콤한 이유.

돌 위에 올려놓고 구운 고구마가 달콤한 이유는 서서히 뜨거워지는 돌에 의해 익을 때, 60℃에서 β-아밀라아제 효소의 진행이 활발해져 전분에서 당으로 변하기 때문이다. 또한 비타민 C도 80%나 보존된다.

안심 포인트 잘 문질러 씻는다.

① 발색제나 농약을 뿌린 경우가 있으므로 스펀지 등을 사용해 표면을 잘 문질러 씻는다.
② 흐르는 물속에서 움푹 패인 곳에 있는 흙도 깨끗이 씻어낸다.

감자류·버섯·기타

냉장 보존

얼지 않게 채소실에 보존.

통째로

보존기간 **2개월**

신문지와 비닐봉지에 싼다.
1개씩 신문지에 싸서 비닐봉지에 넣은 다음 가볍게 끝을 봉해 채소실에 보존한다.

상온 보관

실내의 냉암소에 보존한다.

통째로

보존기간 **1개월**

신문지에 싼다.
신문지에 1개씩 싸서 실내의 통풍이 잘되는 냉암소에 보존한다. 골판지상자에 넣어 보존해도 좋다.

냉동 보존

쪄서 으깬 것을 냉동한다.

보존기간 **1개월**

STEP 1 쪄서

>>

STEP 2

으깬다.
껍질을 벗기고 쪄서 매셔(으깨는 조리기구)로 으깬 다음 식힌다.

냉동용 지퍼백에 넣는다.
냉동용 지퍼백에 넣은 다음 평평하게 펴서 냉동한다. 소포장으로 해도 좋고, 달게 조림을 만들어 냉동하는 것도 좋다.

>> **올바른 해동법**

자연 해동하거나 전자 레인지에서 자연 해동한다.

으깨서 냉동한 것은 전날 냉장실로 옮겨 자연 해동하거나 전자 레인지에서 해동한다. 다시 가열하면 물렁물렁해진다.

말린다

쪄서 말린다.

보존기간 **3개월**

얇게 썬다.
고구마는 쪄서 껍질을 벗기고 세로로 얇게 자른 다음 소쿠리에 펴서 1주일 정도 말린다.

memo

고구마가 많을 때는

고구마가 많을 때는 골판지상자에 신문지를 깔고 고구마를 나란히 놓고 그 위에 신문지를 덮어 냉암소에서 보관한다. 상온에서 20℃를 넘으면 발아하므로 처음에는 상온 보관, 따뜻해지면 도중에 채소실에서 보관하는 것이 좋다.

PART 2 | 채소·과일의 보존법

토란 | 건조되지 않도록 하는 것이 오래 보존하는 비결

제철	영양성분	보존 기간
가을~겨울 (9~12월)	염분을 배출하는 칼륨이 많아 고혈압을 억제한다. 또한 끈적끈적한 성분은 궤양 예방과 뇌세포를 활성화하는 역할을 한다.	냉암소에서 **1개월**

냉장 ○ 　 냉동 ○ 　 상온 ○ 　 절인다 ✕ 　 말린다 ○

〈고르는 법〉

흙이 묻어 있고, 약간 축축하다.

확실한 무늬가 같은 간격으로 있다.

NG! 껍질에 상처나 갈라진 부분이 있는 것.

칼럼 　 토란 특유의 끈적끈적한 정체는?

토란 특유의 끈적끈적한 물질은 갈락탄이라는 성분으로, 탄수화물과 단백질이 결합한 물질이다. 갈락탄은 뇌세포를 활성화하고 암 세포의 증식을 억제한다. 또한 끈적끈적한 점성 물질에는 무틴이 함유되어 있어 변비 해소 효과가 있다.

안심 포인트 　 잘 문질러 씻는다.

① 흙에 농약이 남아 있을 수 있으므로 흐르는 물에 표면을 잘 문질러 흙을 씻어낸다.
② 껍질을 벗겨 파는 것은 소금을 뿌려 문질러 잠시 물에 담가 두었다가 씻는다.

감자류·버섯·기타

냉장 보존

보존기간 **1개월**

골판지상자에 넣어 냉암소에 둔다.

STEP 1 통째로

신문지 위에 늘어놓고 보관한다.
골판지상자에 신문지를 깔고 흙이 붙은 토란을 펼쳐 놓는다.

STEP 2

신문지를 덮는다.
건조를 막기 위해 신문지를 위에 덮어 냉암소에서 보존한다. 뚜껑은 덮지 않는다.

memo

흙속에 묻는다.

흙에 묻어 보존하면 냉암소에 둔 것보다 오래간다. 저온에 약하므로 냉장한다면 채소실에서 보존해야 한다. 2개월 보존 가능하다.

냉동 보존

보존기간 **1개월**

날것 그대로 잘라 냉동하는 것이 편리하다.

생으로

생것 그대로 잘라 냉동한다.
껍질을 벗기고 둥글게 썰어 생것 그대로 냉동용 지퍼백에 넣어 냉동한다.

데쳐서

살짝 데친다.
살짝 데쳐 식힌 다음 냉동용 지퍼백에 넣어 밀봉한다. 큰 것은 한입 크기로 자른다.

>> 올바른 해동법

자연 해동하거나 전자 레인지에서 자연 해동한다.

끓이는 요리에 사용할 때는 해동하지 않고 얼린 그대로 넣는다. 급할 때는 전자 레인지에서 해동한다.

말린다

보존기간 **1개월**

그대로 끓이는 요리나 국물 요리에

STEP 1

둥글게 썬다.
껍질을 벗겨 둥글게 자른 다음 물에 흔들어 물기를 잘 뺀다.

STEP 2

소쿠리에 펼쳐 말린다.
소쿠리에 겹치지 않게 펼쳐 놓고 3일 정도 말린다. 은행잎 썰기나 깍둑썰기해도 좋다.

memo

된장국이나 끓이는 요리에 활용.

손이 많이 가는 토란은 말려두면 그대로 국물에 넣어 끓일 수 있어 편리하다.

PART 2 | 채소·과일의 보존법

감자
싹이 나는 시기에는 사과와 함께 상온 보존한다.

제철	영양성분	보존 기간
봄~여름 (4~6월) 가을 (9~11월) 1 2 3 4 5 6 7 8 9 10 11 12	열에 강한 비타민 C가 풍부해서 피부 미용과 감기 예방에 좋다. 칼륨도 많이 함유하고 있어 고혈압 예방에도 좋다.	냉암소에서 **3개월**

| 냉장 ○ | 냉동 ○ (찐 것) | 상온 ○ | 절인다 × | 말린다 ○ |

〈고르는 법〉

표면이 단단하고 잘 마른 상태.

중량감이 있는 것.

NG!
싹이 나거나 표면이 녹색인 것.

칼럼　생활습관병 예방에 든든한 친구

비타민, 미네랄, 식이섬유와 영양소가 많아 소화 촉진과 면역력 향상에 효과적이다. 바삭바삭한 감자와 찰진 감자로 품종이 나뉘며, 종류도 많으므로 요리에 맞게 사용하면 된다. 싹이나 녹색 껍질에는 솔라닌이라는 독소가 있으므로 주의한다.

안심 포인트　싹이나 녹색 부분은 떼어낸다.

① 스펀지 등으로 하나씩 잘 씻는다. 싹은 잘 떼어내고, 녹색이 된 부분은 두껍게 도려낸다.
② 껍질을 벗긴 감자는 변색을 막기 위해 물에 담가 둔다.

감자류·버섯·기타

냉장 보관

보존기간 **6개월**

신문지로 싸서 냉기가 닿지 않게 보존한다.

통째로

신문지와 비닐봉지에 넣는다.
신문지로 싸서 비닐봉지에 넣은 다음 살짝 묶어 채소실에 보존하면 냉기가 닿지 않게 보존할 수 있다.

상온 보관

보존기간 **3개월**

냉암소에서 사과와 함께 보존.

통째로

사과와 함께 보존한다.
신문지나 종이봉투에 사과를 함께 넣고 냉암소에서 보존한다. 사과에서 나오는 에틸렌 가스가 발아를 막는다.

냉동 보존

보존기간 **1개월**

쪄서 으깬 것을 냉동한다.

STEP 1 쪄서

»

STEP 2

매시 포테이토를 만든다.
껍질을 벗겨 한 입 크기로 자른 다음 15분 정도 삶아 으깨서 매시 포테이토를 만든다.

평평하게 싼다.
소포장으로 평평하게 랩으로 싸서 금속 쟁반에 올려놓고 급속 냉동한다.
냉동용 지퍼백에 넣는다.

>> **올바른 해동법**

자연 해동하거나 전자 레인지에서 자연 해동한다.

매시 포테이토는 전날 냉장실로 옮겨 자연 해동한다. 포테이토 샐러드나 포타주를 만들 때 전자 레인지에서 가열하면 된다.

말린다

보존기간 **1개월**

가열해서 말린다.

STEP 1

»

STEP 2

전자 레인지에서 가열한다.
껍질을 벗긴 감자를 1cm 두께로 썬 다음 가열 접시에 놓고 랩을 덮어 전자 레인지에 3분 정도 가열한다.

소쿠리에 펼쳐 말린다.
소쿠리에 겹치지 않게 펼쳐 놓고 3일 정도 말린다. 써는 모양을 바꾸면 요리의 폭도 넓어진다.

memo

말린 감자 이용법

물에 담가 두었다가 물기를 잘 빼고 오일을 뿌려 토스터에 굽거나 아무 것도 입히지 않고 튀겨도 맛있다. 국끓여서 먹어도 맛있다.

PART 2 | 채소·과일의 보존법

참마 | 갈아서 냉동 보존하는 것이 좋다.

제철	영양성분	보존 기간
봄 (3~4월)　가을~겨울 (11~12월) 1 2 3 4 5 6 7 8 9 10 11 12	전분 분해효소인 아밀라아제가 풍부해서 소화를 촉진하고 위장을 보호하는 효과가 뛰어나다.	냉장실에서 **2개월**

| 냉장 ○ | 냉동 ○ | 상온 ○ | 절인다 ○ | 말린다 ○ |

〈고르는 법〉

단면이 하얗고 싱싱하다.

껍질이 팽팽하고 수염이 많다.

울퉁불퉁하지 않고 굵기가 균일하다.

칼럼 가열하는 요리에는 부적합하다.

참마는 막대처럼 길고 사각사각 씹히는 특징이 있다. 전분 분해효소인 아밀라아제가 풍부하기 때문에 가열하지 않고 갈아 먹거나 잘라 생으로 먹는 것이 효과적이다.

안심 포인트 껍질은 두껍게 깎는다.

① 수세미나 스펀지로 흙을 잘 씻어내고 수염뿌리를 떼낸다.
② 농약이 걱정될 때는 껍질을 두껍게 벗겨낸다.

감자류·버섯·기타

냉장 보존

보존기간 **2개월**

비닐봉지에 넣어 냉장실 보존

통째로

신문지와 비닐봉지에 싸서 보존한다.
키친타월로 싼 다음 비닐봉지에 넣어 냉장실에 보존한다. 자른 것은 랩으로 싼다.

상온 보관

보존기간 **2주일**

냉암소에서 보존

통째로

신문지로
골판지상자에 신문지를 깔고 참마를 놓은 뒤 다시 신문지를 덮어 냉암소에서 보존한다.

냉동 보존

보존기간 **1개월**

갈거나 작게 잘라 냉동한다.

생으로

갈아서 냉동한다.
갈아놓은 것을 냉동용 지퍼백에 넣고 평평하게 해서 냉동한다.

생으로

잘게 썰어 냉동
잘게 썰어 식초물에 흔들어 물기를 빼고 냉동용 지퍼백에 넣어 냉동한다. 소포장으로 해도 좋다.

>> **올바른 해동법**

자연 해동이 가장 좋다.

갈아 얼린 참마는 냉장실로 옮겨 자연 해동한다. 잘게 썰어 얼린 것도 마찬가지로 자연 해동한다. 무침이나 국물 요리에 사용한다.

말린다

보존기간 **1개월**

식초물에 담가 둔다.

STEP 1

식초물에 담가 둔다.
껍질을 벗겨 둥근 모양 썰기 또는 은행잎 모양 썰기 등 용도에 맞게 잘라 식초물에 담가 둔다.

STEP 2

소쿠리에 펼쳐 말린다.
키친타월로 물기를 잘 닦아 소쿠리에 펼쳐 놓고 3일 정도 말린다. 끓이는 요리나 국물 요리에 사용한다.

memo

절여서 보관

참마 껍질을 벗겨 막대 모양으로 자른 다음 초간장이나 매실식초에 절인다. 2주일 정도 보관 가능하다.

105

PART 2 | 채소·과일의 보존법

버섯 | 말리면 맛도 풍미도 좋아진다.

제철	영양성분	보존 기간
봄 (3~5월)　가을 (9~11월)	칼슘의 흡수를 돕는 비타민 D가 풍부하다. 항암작용이 있는 렌티난이 함유되어 있다.	냉장실에서 **1주일**

1 2 3 4 5 6 7 8 9 10 11 12

| 냉장 ○ | 냉동 ○ | 상온 ○ (1~2일) | 절인다 ○ | 말린다 ○ |

표고버섯 |
햇볕에 말리면 비타민 D가 10배로 증가한다.

〈고르는 법〉

자루 부분이 굵고 통통하다.

갓이 피어 있지 않고 안쪽에 흰 막이 있다.

갓의 표면이 다갈색이다.

칼럼 부피를 늘려 풍성한 식탁을 만드는 식재료

버섯은 약 90%가 수분이다. 저칼로리여서 다이어트에 적합한 식재료이다. 암 억제 효과가 있으며 생활습관병도 예방한다. 요리할 때는 요리에 물이 많이 생기지 않도록 강한 불로 가열한다.

안심 포인트 걱정된다면 물에 씻는다.

① 버섯은 기본적으로 무농약이 대부분이다. 뿌리 쪽을 떼내기만 하면 되지만 더러우면 키친타월 등으로 가볍게 닦아낸다.
② 기본적으로는 씻지 않아도 되지만 걱정이 된다면 살짝 물에 씻으면 된다.

감자류·버섯·기타

제철	영양성분	보존 기간		
겨울 (12~1월)	비타민 B군, 식이섬유가 풍부해서 동맥경화 예방에 효과적이다.	냉장실에서 1주일 (1~2일)	냉장 ○ / 상온 ○	냉동 ○ / 절인다 ○ / 말린다 ○

〈고르는 법〉

하얗고 팽팽하며 갓이 작다.

키가 비슷하며 싱싱하다.

팽이버섯

봉지 안에 습기가 차지 않도록 한다.

memo

볶은 뒤 냉동하는 것이 좋다.

생것이든, 데쳐서든 둘 다 냉동 가능하다. 볶은 뒤 냉동하면 생으로 냉동하는 것보다 오래간다.

제철	영양성분	보관 기간		
가을 (10월)	팽이버섯과 마찬가지로 비타민 B군과 식이섬유가 풍부하다. 미백효과도 있다.	냉장실에서 1주일 (1~2일)	냉장 ○ / 상온 ○	냉동 ○ / 절인다 ○ / 말린다 ○

해송이버섯

갓이 밀집해 있고 무게가 있는 것이 좋다.

memo

곰팡이가 아니다.

갓에 하얀 곰팡이 같은 것이 붙어 있는 것도 있다. 이것은 균사로서 버섯의 일부이므로 안심해도 된다.

〈고르는 법〉

갓이 밀집해 있고 무게가 있다.

자루는 하얗고 굵으며 짧다.

PART 2 | 채소·과일의 보존법

제철	영양성분	보존 기간	냉장 ○ 냉동 ○
일 년 내내 1 2 3 4 5 6 7 8 9 10 11 12	식물섬유, 칼륨 등이 풍부하다. 간 기능 저하 예방에 효과적이다.	냉장실에서 1주일 (1~2일)	상온 ○ 절인다 ○ 말린다 ○

〈고르는 법〉

갓 끝이 안쪽으로 말려 있다.

자루가 하얗고 굵으며 단단하다.

새송이버섯

씻으면 맛이 떨어지므로 씻지 않고 그대로 요리한다.

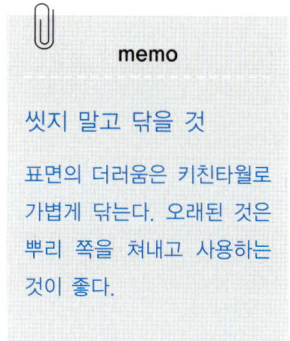

memo

씻지 말고 닦을 것

표면의 더러움은 키친타월로 가볍게 닦는다. 오래된 것은 뿌리 쪽을 쳐내고 사용하는 것이 좋다.

제철	영양성분	보존 기간	냉장 ○ 냉동 ○
가을 (9~10월) 1 2 3 4 5 6 7 8 9 10 11 12	비타민 B군의 함유량이 많고 신진대사 촉진, 암 억제 등에 효과적이다.	냉장실에서 1주일 (1~2일)	상온 ○ 절인다 ○ 말린다 ○

잎새버섯

갓덩어리가 갈라지지 않도록 조심해서 보존하는 것이 좋다.

〈고르는 법〉

두툼하고 갈색이 진하며 갓이 밀집되어 있는 것.

자루의 단면이 하얗다.

memo 수분 제거가 중요

잎새버섯은 여분의 수분을 흡수하기 때문에 물에 담가서는 안 된다. 키친타월로 싼 다음 비닐봉지에 넣어 보관하는 것이 좋다.

감자류·버섯·기타

제철	영양성분	보존 기간		
가을~겨울 (10~12월) 1 2 3 4 5 6 7 8 9 10 11 12	비타민 B₂와 칼륨이 풍부하다. 대사를 촉진하며 동맥경화 예방에 효과적이다.	냉장실에서 1주일 (1~2일)	냉장 ○ 상온 ○	냉동 ○ 절인다 ○ 말린다 ○

양송이

갓 표면에 상처가 없고 안쪽에 갈색 빛이 돌지 않는 것을 고른다.

〈고르는 법〉

갓에 상처가 없고 매끄럽다.

갓의 안쪽이 하얗고 변색되어 있지 않다.

memo 갓에 거무스름한 빛을 띠는 것은 신경 쓰지 않아도 된다
양송이의 특성상 시간이 지나면서 갓의 안쪽이 거무스름해지기도 한다. 상한 것은 아니지만 가열해서 먹는 것이 좋다.

제철	영양성분	보존 기간		
가을 (10~11월) 1 2 3 4 5 6 7 8 9 10 11 12	끈적끈적한 성분인 뮤친이 풍부하다. 피로회복이나 소화 촉진에 효과적이다.	냉장실에서 1주일	냉장 ○ 상온 ×	냉동 ○ 절인다 × 말린다 ×

〈고르는 법〉

봉지 자체가 부풀어 있지 않은 것.

미끈미끈한 액체 부분이 깨끗하다.

나도팽나무버섯

오래 보관하기 어려우므로 가급적이면 구입한 즉시 다 먹는 것이 좋다.

memo 오래된 것은 물에 씻는다.
나도팽나무버섯은 오래되면 끈적끈적한 부분에 잡균이 번식하고 신맛이 난다. 사용할 때는 물에 씻어 끈적끈적한 액체를 제거한다.

PART 2 | 채소·과일의 보존법

냉장 보존

보존기간
1주일

표고버섯   주름이 위를 향하게 보존하는 것이 가장 좋다.

STEP 1 통째로

키친타월로 싼다.
물기에 약하므로 1개씩 키친타월로 싼다.

STEP 2

주름이 위를 향하게 한다.
주름이 위를 향하게 해서 비닐봉지에 넣고 봉지 끝을 가볍게 봉해 냉장실에 넣는다.

memo

주름이 아래를 향하면?

주름이 아래를 향하면 포자가 떨어져 갓이 거무스름해진다. 냉동할 때나 말릴 때도 주의해야 한다.

냉장 보존

보존기간
1주일

팽이버섯   수분을 잘 닦는 것이 오래 보존하는 비결이다.

통째로

봉지째
구입한 직후 봉지째 냉장실에 세워서 보존한다. 세워서 보존해야 오래 간다.

STEP 1 통째로

수분을 닦는다.
사용하고 남은 것이나 결로가 생긴 것은 키친타월로 전체적으로 생긴 수분을 잘 닦는다.

STEP 2

키친타월이나 비닐봉지
키친타월로 싼 다음 비닐봉지에 넣고 봉지 끝을 가볍게 봉한다. 냉장실에 세워서 보존한다.

냉장 보존

보존기간
1주일

해송이버섯   습기가 차지 않도록 통풍에 신경쓴다.

통째로

수분을 닦는다.
봉지째 표면의 수분을 닦아 밀폐용기나 비닐봉지에 옮긴다. 밑뿌리는 요리할 때까지 잘라내지 않는다.

통째로

한 곳을 열어둔다.
봉지째 보존할 때는 한 곳을 열어두는 것이 포인트. 습기가 차지 않도록 한다.

memo

소금버섯

좋아하는 버섯을 살짝 데쳐 소쿠리에 담은 다음, 소금에 버무려 보관용기에 넣는다. 냉장실에서 4~5일 둔다.

감자류·버섯·기타

새송이버섯, 잎새버섯

냉장 보존
보존기간 **1주일**

통째로

구멍을 뚫는다.
통기성을 좋게 하기 위해 구멍을 낸다. 사용하고 남은 것은 키친타월로 싸서 비닐봉지에 넣는다.

나도팽나무버섯

냉장 보존
보존기간 **1주일**

통째로

봉지째 냉장
나도팽나무버섯은 봉지째 보관한다. 개봉하지 않은 것이라면 1주일은 갈 수 있다. 개봉했다면 그 날 중에 다 먹는 것이 좋다.

양송이 변색 방지나 살균 효과가 있는 레몬즙을 이용한다.

냉장 보존
보존기간 **1주일**

STEP 1 통째로

STEP 2

자른 면에 레몬즙을 바른다.
물기를 닦고 자루의 단면과 갓에 레몬즙을 바른다. 변색 방지나 살균 효과가 있어 오래간다.

키친타월이나 비닐봉지
하나씩 키친타월로 싼 다음 비닐봉지에 넣어 봉지 끝을 가볍게 봉한다. 냉장실에 넣어 보존한다.

memo

씻지 않고 냉장 보존
물에 씻으면 균사의 틈에 수분이 들어가 풍미와 식감을 떨어뜨리므로 그대로 보존한다.

영양과 맛이 훨씬 좋아진다.

말린다
보존기간 **1개월**

잘라서 말린다.
자르거나 작게 떼어서 소쿠리에 펼쳐놓는다. 도중에 위아래를 뒤집으면서 3일 정도 말린다.

memo

말리면 비타민 D가 증가한다.

비타민 D가 풍부한 버섯 종류는 태양 빛에 의해 비타민 D가 증가하고 영양과 향도 좋아져 맛있는 양념이 된다. 표고버섯은 하나씩 떼어 말리고, 새송이버섯과 머시룸은 세로로 반을 잘라 말린다. 건조와 반건조 등 시간을 조절해 맛을 비교해 보는 것도 좋을 듯하다.

PART 2 | 채소·과일의 보존법

냉동 보존

보존기간 **1개월**

표고버섯

데쳐서

통째로 냉동
밑뿌리를 잘라내고 살짝 데친 다음 냉동용 지퍼백에 넣어 냉동한다.

냉동 보존

보존기간 **1개월**

팽이버섯

볶아서

볶아서 냉동한다.
볶거나 데쳐 냉동하면 오래간다. 소포장으로 랩에 싸서 급속 냉동한다.

냉동 보존

보존기간 **1개월**

송이버섯

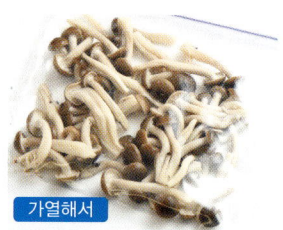

가열해서

가열해서 냉동한다.
뿌리 부분을 잘라내고 하나씩 떼서 전자 레인지에서 1분 정도 가열한다. 식으면 냉동용 지퍼백에 넣는다.

냉동 보존

보존기간 **1개월**

새송이버섯, 잎새버섯

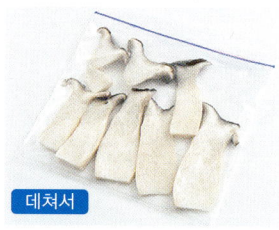

데쳐서

세로로 얇게 잘라 냉동한다. 요리에 맞게 잘라 데치거나 볶은 뒤, 냉동용 지퍼백에 넣어 보존한다.

냉동 보존

보존기간 **1개월**

양송이

생으로

얇게 자르기+레몬즙
얇게 잘라 레몬즙을 뿌린 다음 급속 냉각해 냉동용 지퍼백에 넣는다. 살짝 구운 뒤 냉동해도 좋다.

냉동 보존

보존기간 **1개월**

나도팽나무버섯

생으로

봉지에서 꺼낸다.
봉지째 냉동할 수는 있으나 작게 나눠 랩으로 싼 다음 급속 냉동하는 것이 좋다. 얼린 채로 국물 요리에 넣는다.

뿌리채소

COLUMN

냉동 채소를 얼린 채로
요리에 활용해 보자

냉동 채소는 해동하지 않고 그대로 요리할 수 있다.
먹기 좋은 크기로 잘라 냉동해 두면 사용하고 싶을 때 냄비나 프라이팬에
그냥 넣기만 하면 된다. 시간도 단축되고 편리하다.

\ 그대로 풍덩! /

된장국·수프
냉동 파나 잎채소는 된장국·수프·라면·볶음 요리에 넣는 등 용도가 다양하다. 한 입 크기로 자르거나 채 썰기·어슷썰기 등 용도에 맞게 여러 가지로 썰어 두면 편리하다. 그리고 냉동 양파는 낫토나 찬 음식의 토핑으로도 좋다.

\ 프라이팬에 넣기만 하면 된다. /

볶음 요리
볶음 요리에도 사용할 수 있는 냉동 채소. 버섯류는 물론, 당근 등을 살짝 데치거나 쪄서 냉동한 뿌리채소류나 배추 등과 같은 잎채소도 그대로 사용할 수 있다. 자르는 시간을 덜고 단시간에 요리할 수 있으므로 뭔가 하나라도 상비해 두면 편리하다.

\ 이제 보글보글 끓이기만 하면 된다. /

끓이는 요리
수분이 많은 무 역시 데쳐서 냉동하면 좋다. 물론 얼린 채로 요리할 수 있다. 무 이외에도 토란·당근·우엉·연근을 사용해서 냉동 채소 친제니(닭고기에 당근·우엉·연근·표고버섯 등을 넣고 기름에 볶은 뒤 설탕과 간장으로 간을 해서 조린 것)를 만들어도 좋다. 데치거나 삶아 냉동한 것은 끓일 때 모양이 일그러지지 않도록 주의해야 한다.

113

PART 2 | 채소·과일의 보존법

마늘

마늘을 까지 않은 상태로 보존해야 건조를 막는다.

제철	영양성분	보존 기간
봄~여름 (5~7월)	피로회복에 효과적인 비타민 B군이나 칼륨, 알리신이 풍부하다. 혈전 예방과 항균 작용 등에도 효과적이다.	냉암소에서 **1개월**

1 2 3 4 5 6 7 8 9 10 11 12

냉장 ○ 　 냉동 ○ 　 상온 ○ 　 절인다 ○ 　 말린다 ○

〈고르는 법〉

외피는 하얗게 건조해 싹이 나 있지 않은 것.

마늘 한쪽 한쪽이 균일하며 굵고 볼록하다.

단단하고 팽팽하며 묵직하다.

칼럼 마늘의 파워를 모욕하지마라.

만병의 예방약이라 할 수 있는 마늘. 그 강력한 냄새의 원인이 되는 알리신이라는 성분에는 항균과 살균, 해독작용이 있어 온갖 병으로부터 몸을 지킨다. 다지면 그 효과는 더 올라간다.

안심 포인트 이중으로 지키고 있어 안심할 수 있다.

① 마늘은 외피와 얇은 내피를 벗겨내야 하는 것이라서 농약 등의 걱정은 없다.
② 수입산이 아닌 국산을 고르면 보다 안심할 수 있다.

감자류·버섯·기타

냉장 보존

보존기간 **1~2개월**

키친타월이나 비닐봉지로 싼다.

통째로

비닐봉지에 넣는다.
통째로 키친타월에 싼 다음 비닐봉지에 넣어 냉장실에서 보존한다. 마늘을 한쪽씩 떼어서 보존해도 좋다.

상온 보존

보존기간 **1개월**

매달아 보관

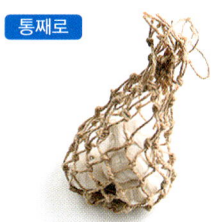

통째로

망에 넣는다.
많이 샀을 때는 망에 넣어 통풍이 잘되는 냉암소에서 매달아 보존한다.

냉동 보존

보존기간 **1개월**

사용하기 좋게 잘라 냉동하면 편리하다.

생으로

한쪽씩 냉동한다.
마늘은 얇은 막을 벗겨 소포장으로 랩으로 싼 다음 냉동용 지퍼백에 넣어 냉동한다.

생으로

잘라서 냉동한다.
얇게 자르거나 갈아서 작게 나눠 랩으로 싼 다음 냉동용 지퍼백에 넣어 냉동한다.

>> **올바른 해동법**

자연 해동 또는 얼린 채로 요리한다.

쪽 마늘을 해동시킨다면 전날 냉장실에 옮겨놓고 자연 해동한다. 자른 것은 얼린 채 그대로 요리해도 된다.

절인다

보존기간 **1년**

습기나 건조를 막는 오일 절임

오일에 절인다.
통고추와 함께 올리브 오일에 절인다. 습기나 건조를 막고 곰팡이 발생과 산화를 막을 수 있다.

말린다

보존기간 **1~2개월**

심을 빼낸다.

심을 떼고 말린다.
둥글게 썰거나 세로로 반을 잘라 심을 떼낸다. 소쿠리에 펼쳐 놓고 도중에 위아래로 뒤집으며 2일 정도 말린다.

PART 2 | 채소·과일의 보존법

생강

통째로는 물론, 자르거나 갈아서 냉동할 수도 있다.

제철	영양성분	보존 기간
여름 (연중, 햇생강은 6~8월) 1 2 3 4 5 6 7 8 9 10 11 12	생강은 냉증과 혈류를 개선하는 진저롤과 생강 오일이 함유되어 있다. 살균과 발한작용에 효과적이다.	냉암소에서 **2주일**

| 냉장 ○ | 냉동 ○ | 상온 ○ | 절인다 ○ | 말린다 ○ |

〈고르는 법〉

전체적으로 윤기가 있고 황금색이다.

둥근 무늬가 같은 간격이다.

둥글고 팽팽하다.

칼럼 몸을 따뜻하게 해 주는 생강의 효능!!

생강에 함유되어 있는 진저롤, 생강 오일, 진저론에는 몸을 따뜻하게 해서 혈액순환을 촉진하는 효과가 있다. 감기나 소화불량에는 생강을 갈아 꿀과 녹말가루를 넣고 생강탕을 만들어 먹으면 좋다.

안심 포인트 잘 씻는다.

① 생강은 울퉁불퉁하기 때문에 수세미 같은 것으로 잘 씻어내야 한다.
② 얇은 막을 벗겨 사용하면 보다 안심할 수 있다.

감자류·버섯·기타

냉장 보존

냉기와 건조를 막는다.

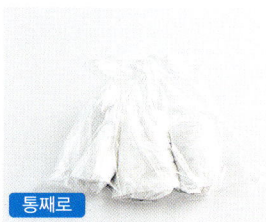

보존기간 **1~2주일**

통째로

키친타월에 싼다.
통째로 키친타월에 싼 다음 비닐봉지에 넣어 채소실에서 보존한다.

상온 보존

통풍이 잘되는 냉암소에 둔다.

보존기간 **2주일**

통째로

신문지에 싼다.
1개씩 신문지에 싼 다음 바구니에 넣어 냉암소에 둔다. 그대로 놔두어도 괜찮다.

냉동 보존

사용하기 좋게 잘라 냉동하면 편리하다.

생으로

생으로

보존기간 **1~2개월**

한 토막씩 자른다.
통째로 냉동해도 되지만, 한 토막씩 잘라 랩으로 싼 다음 냉동용 지퍼백에 넣어 냉동하면 좋다.

갈아서 자른다.
갈아서 작게 나눠 랩으로 싼 다음 냉동용 지퍼백에 넣어 냉동한다. 얇게 썰거나 채 썰어도 좋다.

>> **올바른 해동법**

얼린 채로 간다.

통째라면 해동하지 않고 얼린 채 그대로 간다. 잘라 냉동한 것은 얼린 채 요리에 사용할 수 있어 편리하다.

절인다

된장이나 간장, 감식초에 절인다.

보존기간 **1개월**

된장 등에 절인다.
단식초나 간장, 된장 등에 절여서 냉장실에 보존한다.

말린다

말리면 생강의 효과가 상승한다.

보존기간 **3개월**

얇게 썰어 말린다.
얇게 썰어 소쿠리에 펼쳐놓고 2일 정도 말린다. 끓이거나 국물요리, 차 등으로 사용할 수 있다.

PART 2 | 채소·과일의 보존법

파

비닐봉지에 넣어두면 물러 상하기 쉽다.

제철	영양성분	보존 기간
겨울 (11~2월)	녹색 잎 부분은 β-카로틴, 비타민 C, 비타민 K, 칼슘 등이 풍부하다. 스테미너 강화에 좋다.	흙묻은 거면 냉암소에서 **1개월**

1 2 3 4 5 6 7 8 9 10 11 12

| 냉장 ○ | 냉동 ○ | 상온 ○
(대파) | 절인다 ○ | 말린다 ○ |

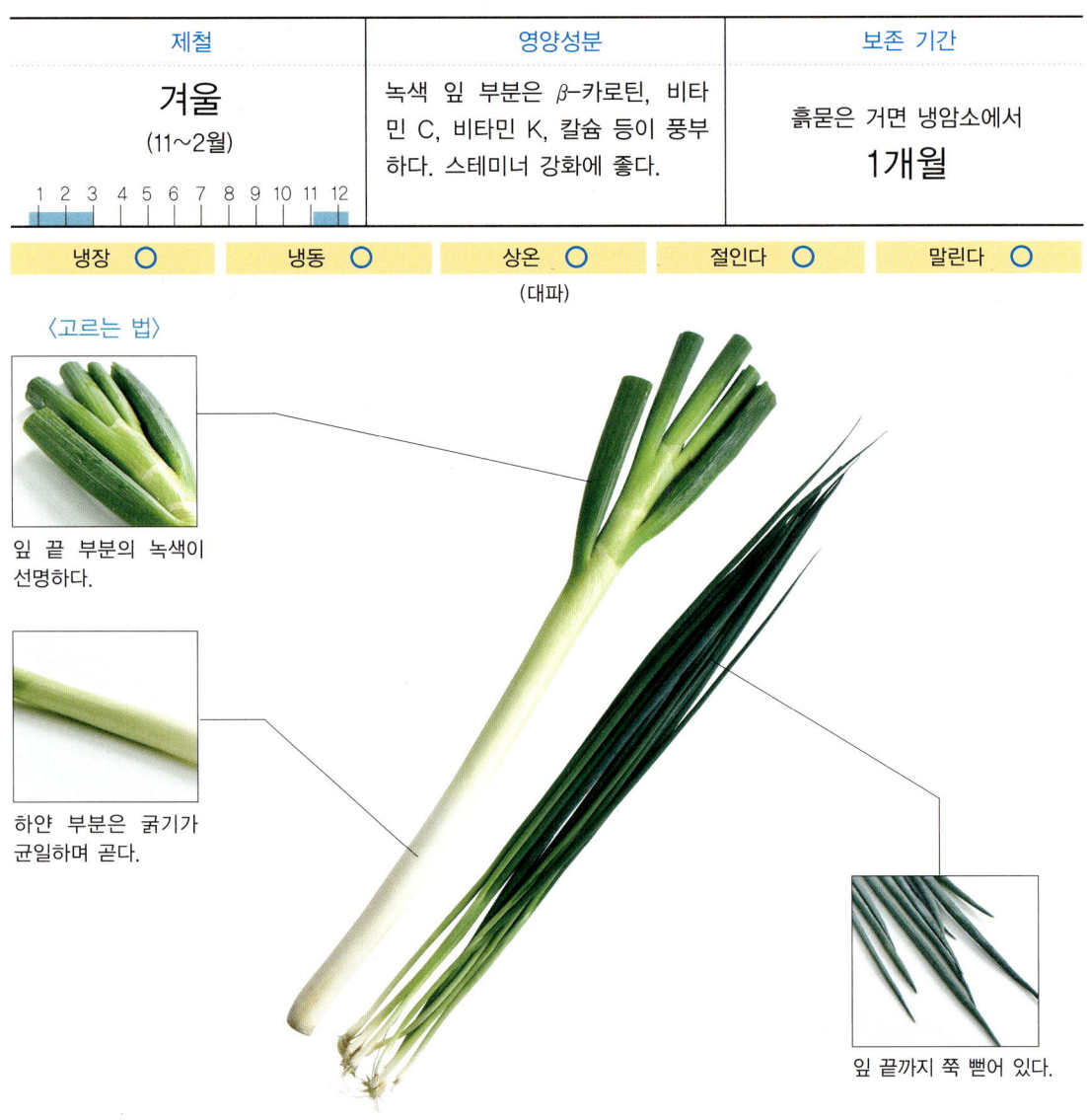

〈고르는 법〉

잎 끝 부분의 녹색이 선명하다.

하얀 부분은 굵기가 균일하며 곧다.

잎 끝까지 쭉 뻗어 있다.

칼럼 소화액의 분비를 촉진해 식욕을 돋운다.

특유의 자극 성분인 황화아릴은 소화액의 분비를 촉진하고 식욕을 돋운다. 체내에서 비타민 B_1과 결합해 흡수가 잘되게 하는 작용도 한다.

안심 포인트 외피를 문질러 잘 씻는다.

① 대파는 출하될 때 외피는 벗기지만 다시 한 번 벗겨 흐르는 물에서 잘 씻는다.
② 양념으로 사용할 때는 썬 다음 다시 물에 흔들어 씻으면 보다 안심할 수 있다.

감자류·버섯·기타

냉장 보존

보존기간 1주일

비닐봉지에서 꺼내 랩이나 신문지에 싸서 보존한다.

잘라서

랩에 싸서 세워 보존
냉장실에 넣을 길이로 잘라 나눈 다음 랩으로 싸서 세워 보존한다.

통째로

신문지로 싼다.
대파나 쪽파는 신문지로 싸서 냉장실에 보존한다.

memo

비닐봉지에서 꺼내 보존

비닐봉지째 두면 물러 상하기 쉬우므로 봉지에서 꺼내 랩이나 신문지로 싸서 보존한다.

냉동 보존

보존기간 1개월

사용하기 편하게 잘라 보존한다

생으로

랩으로 싼다(대파).
잘게 썰기나 어슷썰기 등, 사용하기 좋은 모양으로 썬 다음 작게 나눠 랩으로 싼다.

생으로

랩으로 싼다(쪽파).
쪽파는 잘게 썰어 나눈 다음 랩으로 싼다. 냉동용 지퍼백에 넣어도 좋다.

>> 올바른 해동법

얼린 채 요리한다.

냉동 파는 즉시 해동되므로 얼린 채 국물요리나 볶음에 사용해도 좋다. 찬 음식의 토핑에 이용할 때도 얼린 채 그대로 올린다.

상온 보존

보존기간

1주일
(흙이 묻은 대파)

대파는 흙이 묻은 것이 오래간다.

통째로

신문지에 싼다.
신문지에 싸서 냉암소에 보존한다. 종이백이나 빈 상자에 세워 보존하는 것이 가장 좋다.

말린다

보존기간 1개월

말리면 생강의 효과가 상승한다.

생것보다도 단맛이 높아진다.
어슷썰기나 잘게 썰어 소쿠리에 펼쳐놓고 도중에 위아래를 뒤집으면서 2~3일 정도 말린다.

PART 2 | 채소·과일의 보존법

숙주나물 | 빨리 먹는 것이 기본

제철	영양성분	보존 기간
일년 내내 1 2 3 4 5 6 7 8 9 10 11 12	피로회복에 효과적인 아스파라긴 산 외에 비타민 C나 식이섬유가 균형 있게 들어 있다.	냉암소에서 2~3일

냉장 O   냉동 O   상온 X   절인다 O   말린다 O

〈고르는 법〉

밑뿌리가 누렇게 변색되어 있지 않다.

색이 하얗고 굵직하다.

칼럼 식이섬유가 많아 변비와 피부미용에 좋다.

보기에는 연약한 모양을 하고 있으나 값싸고 영양 만점. 비타민류와 식이섬유도 풍부해 피부미용에 좋고 정장작용도 기대할 수 있다. 비타민 C의 유실을 막기 위해 가열요리는 살짝 재빨리 하는 것이 좋다.

안심 포인트 식초물에 담가 두었다가 데친다.

① 흐르는 물에서 잘 씻는다. 식초물에 2~3분 담가놓았다가 소금을 넣은 뜨거운 물에 데친다.
② 볶음에 사용할 때도 한번 데쳐 사용하면 안심할 수 있다.

감자류·버섯·기타

냉장 보존

보존기간
1주일
(가열한 것)
2~3일
(생것)

살짝 데치면 좀더 오래간다.

생으로

비닐봉지에 넣는다.
한번 개봉한 숙주나물은 비닐봉지에 넣어 가볍게 묶은 다음 냉장실에 보존한다. 빨리 먹는 것이 좋다.

냉기와 건조를 막는다.

가열해서

가볍게 가열한다.
뜨거운 물을 끼얹거나 살짝 볶는 등 가볍게 가열해 식힌 후 밀폐용기에 넣어 보존한다.

📎 **memo**

데치거나 볶는 등 가열한다.
생것으로 보관하면 물기가 나와 쉽게 상한다. 뜨거운 물을 끼얹거나 살짝 볶으면 3일은 더 오래간다.

냉동 보존

보존기간
2주일

가볍게 가열해서 냉동

가열해서

살짝 볶는다.
살짝 볶거나 뜨거운 물을 끼얹거나 전자 레인지에서 단시간 가열하는 등 가볍게 가열한다.

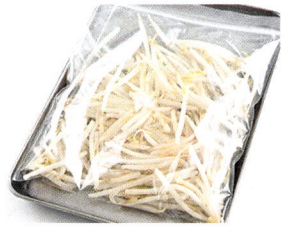

냉동용 지퍼백에 넣는다.
열기가 식으면 냉동용 지퍼백에 넣어 냉동한다. 금속 쟁반 위에 올려 급속냉동하면 오래 간다.

>> 올바른 해동법

얼린 채로 요리하거나 전자 레인지에서 해동

냉동한 숙주나물은 국물요리에 얼린 채 그대로 넣어도 좋다. 무침 등은 전자 레인지에서 해동한다.

절인다

보존기간
1주일

무침이나 김치로 해서 보존

조미료에 절인다.
무침이나 김치, 간장절임으로 해서 보존성을 높인다.

말린다

보존기간
2주일

말리면 한번에 많이 먹을 수 있다.

밑뿌리를 떼 내고 말린다.
물에 씻어 밑뿌리를 떼 내고 소쿠리에 펼쳐놓고 2일 정도 말린다. 대가리가 줄어 많이 먹을 수 있다.

PART 2 | 채소·과일의 보존법

아보카도 | 잘 익을 때까지는 상온, 잘 익었으면 채소실에 보존한다.

제철	영양성분	보존 기간
일년 내내 (열대산으로 연내 수입) 1 2 3 4 5 6 7 8 9 10 11 12	콜레스테롤 수치를 낮추는 올레인산, 리놀산과 노화방지에 도움이 되는 비타민 E 등이 풍부하다.	가열해 채소실에서 3~4일

| 냉장 O | 냉동 O | 상온 O | 절인다 X | 말린다 X |

〈고르는 법〉

꼭지가 확실히 붙어 있다.

색이 거무스름하다.

윤기가 있고 팽팽하다.

칼럼 노화방지에 놀랄 만한 효과

먹는 미용액이라 할 정도로 노화방지 효과가 있는 리놀산, 리놀렌산이 많이 함유되어 있다. 안티 에이징에 효과적이다. 반면 영양가가 높고 고칼로리이기 때문에 다이어트에는 적합하지 않다.

안심 포인트 꼭지 주위를 잘라낸다.

① 꼭지 주위에는 농약이 남아 있기 쉬우므로 물에 잘 씻는다.
② 꼭지 주위 1cm 정도를 잘라내고 사용하면 보다 안심할 수 있다.

과일

냉장 보존

자른 면이 변색하지 않도록 보존한다.

보존기간
3~4일
(통째로)
2~3일
(자른 것)

통째로 보존
잘 익은 것은 비닐봉지에 넣어 밀폐해서 채소실에서 보존한다. 덜 익은 아보카도는 상온 보존을 한다.

STEP 1

자른 면에 레몬즙을
자른 면에 레몬즙을 조금 뿌린 다음 랩으로 싸서 냉장고에 넣는다.

STEP 2

씨째 보존한다.
절반 남길 때는 씨가 붙은 쪽을 남기면 공기에 접촉하는 면적이 작아 오래간다.

냉동 보관

해동해 즉시 사용하도록 손질한다.

보존기간
2주일

생으로

한입 크기로 자른다.
씨와 껍질을 제거하고 한 입 크기로 자른다. 레몬즙을 뿌린 다음 랩으로 싸서 냉동용 지퍼백에 넣는다.

memo

레몬즙으로 변색 방지

아보카도의 자른 면은 변색하기 쉬우므로 레몬즙을 뿌린다. 레몬즙이 없을 때는 식초물로 대신한다.

>> 올바른 해동법

자연 해동이 가장 맛있다.

아보카도는 전날 냉장실로 옮겨 자연 해동한다. 생것보다는 식감이 떨어지므로 으깨 딥이나 소스로 이용하면 좋다.

상온 보존

다 익기 전에는 상온 보존

보존기간
익을
때까지

통째로

상온에서 추가로 익힌다.
덜 익은 것은 바구니에 담아 냉암소에 보존한다. 다 익으면 냉장고 채소실에 넣는다.

memo

추가로 익히는 중에는 실온에 주의한다.

껍질 색이 녹색인 것은 상온에서 더 익혀야 하지만 그 온도는 20℃ 전후가 좋다. 저온 장해를 일으키므로 5℃ 이하인 장소에 두지 않도록 해야 한다. 너무 온도가 높아도 상하기 쉽다. 사과 등 에틸렌 가스를 발생시키는 과일과 함께 비닐봉지에 넣어 두면 빨리 익는다.

PART 2 | 채소·과일의 보존법

딸기 | 먹기 직전에 씻는다.

제철	영양성분	보존 기간
봄 (5~6월) *하우스 재배는 12~4월 1 2 3 4 5 6 7 8 9 10 11 12	비타민 C가 풍부하게 함유되어 있어 감기예방에 좋다. 또한 멜라닌 색소의 증식을 억제하므로 피부미용에도 효과적이다.	냉장실에서 **1주일**

| 냉장 ○ | 냉동 ○ | 상온 ✕ | 절인다 ○ | 말린다 ○ |

〈고르는 법〉

꼭지가 싱싱하다.

꼭지 가까이까지 붉다.

선명한 빨강이고 예쁘다.

칼럼 종류가 풍부한 베리류

신맛이 강하고 비타민 C가 많이 함유되어 있으며, 보기에 예쁜 베리류. 블루베리, 라즈베리, 크랜베리, 카시스 등 그 종류가 다양하다. 과자뿐 아니라 육류요리 소스로도 활용할 수 있다.

안심 포인트 손으로 조심스럽게 씻는다.

① 물속에서 물을 흘려보내면서 5분 정도 담가 둔다.
② 소쿠리에 담고 흐르는 물로 하나하나 손으로 조심스럽게 씻으면 보다 안심할 수 있다.

과일

냉장 보존

보존기간 **1주일**

수분은 대적! 보관하기 전에는 절대로 씻지 말 것!

통째로

팩에 들어 있는 그대로 보관
팩에 들어 있는 그대로 냉장실에서 보존한다. 겹쳐 있는 부분부터 상하므로 다른 용기에 넣는 것도 좋다.

냉장 보존

보존기간 **1~2개월**

잼을 만든다.

조리해서

딸기가 남았으면 설탕을 넣어 푹 끓인다. 잼으로 만들어 냉장실에 보존한다.

냉동 보존

보존기간 **1개월**

해동할 것이라면 설탕을 묻혀 냉동

STEP 1
생으로

물로 씻은 후
물기를 제거한다. 꼭지를 떼고, 상한 부분을 제거한다.

STEP 2

설탕을 묻혀 냉동
냉동하면 단맛이 적어지므로 설탕을 묻힌 다음 냉동용 지퍼백에 넣어 보존한다.

>> **올바른 해동법**

절반 해동이 맛있다.

냉장실로 옮겨 천천히 절반 정도 해동한다. 샤베트 느낌으로 그냥 먹기도 하고, 믹서에 갈아 스무디를 만들 수도 있다.

말린다

보존기간 **2주일**

단맛을 높여 진하게 한다.

얇게 잘라 말린다.
얇게 잘라 소쿠리에 겹치지 않게 펼쳐놓고 도중에 위아래를 뒤집으면서 2일 정도 말린다.

memo

건조시키면 영양이 농축된다!

영양가가 훨씬 높아지는 드라이 프루트. 말린 딸기는 그대로 먹어도 좋고 빵이나 스콘에 넣어 먹어도 좋다. 말릴 때는 벌레에 주의하면서 확실히 수분을 말리는 것이 중요하다. 반건조도 가능하지만 장기보관은 완전히 건조한 것만 가능하다. 반건조한 것은 보관용기에 넣은 다음 밀폐해 냉장실에 보관한다.

PART 2 | 채소·과일의 보존법

오렌지 | 냉장실보다 통풍이 잘되는 냉암소에서 보존

제철	영양성분	보존 기간
일년 내내 (발렌시아 오렌지는 11~5월) 네이블 오렌지는 6~10월 1 2 3 4 5 6 7 8 9 10 11 12	비타민 C가 풍부해 항산화 작용을 하며 피부미용 효과, 노화방지, 스트레스 케어 등 특히 여성에게 좋다.	냉암소에서 1~2주일

| 냉장 △ | 냉동 ○ | 상온 ○ | 절인다 ○ | 말린다 ○ |

〈고르는 법〉

꼭지가 작다.

껍질에 윤기가 있고 팽팽하다.

칼럼 종류에 따라 비타민 C의 양이 다르다.

비타민 C의 함유량은 오렌지에 따라 네이블 쪽이 1.5배 많다. 구분하는 방법은, 끝부분이 둥글게 배꼽 모양으로 되어 있는 것이 네이블이고, 귤과 비슷한 모양이 발렌시아다.

안심 포인트 소금으로 문질러 잘 씻는다.

① 껍질을 벗겨먹을 경우에는 그리 걱정할 염려는 없지만, 씻으면 안심할 수 있다.
② 껍질을 사용할 경우에는 소금을 문질러 씻은 다음 껍질을 벗겨 데친다.

과일

냉장 보존

채소실에서 보존한다면 비닐봉지에 넣어서.

통째로

보존기간
1개월

비닐봉지에 넣는다.
건조하지 않도록 비닐봉지에 넣고 살짝 묶어 채소실에서 보존한다.

상온 보존

건조하지 않고 맛있게 보존할 수 있다.

통째로

보존기간
1~2주일

신문지에 싼다.
신문지에 싸서 통풍이 잘되는 냉암소에서 보존한다. 먹기 직전에 냉장실로 옮겨둔다.

냉동 보존

과육만 냉동용 지퍼백에 넣어 냉동한다.

생으로

보존기간
1개월

보존용기에 넣는다.
껍질을 벗기고 과육을 냉동용 지퍼백에 겹치지 않게 넣어 냉동한다.

memo

잘 파괴되지 않는 비타민 C

발렌시아 오렌지의 비타민 C는 주스를 만들어도 잘 파괴되지 않는다. 얼린 채 스무디를 만들어도 좋다.

>> 올바른 해동법

반해동해 샤베트 느낌으로

냉장실로 옮겨 천천히 반 정도만 해동한 상태에서 먹으면 맛있다. 믹서에 갈아 주스를 만들어도 좋다.

말린다

말린 오렌지는 홍차나 와인에 띄워

보존기간
3개월
(둥글게 자른 것)
2개월
(껍질)

둥글게 썰어 말린다.
껍질을 잘 씻어 둥글고 얇게 썬 다음 소쿠리에 펼쳐놓고 도중에 위아래를 뒤집으며 4일 정도 말린다.

오렌지 껍질
설탕에 조린 껍질을 하루 정도 햇볕에 말린다. 정제 설탕을 묻혀 완성한다. 과자 만드는 데도 좋다.

memo

껍질을 조려 마멀레이드

껍질은 잘 씻을 것. 얇게 썰어 몇 번 데친 다음 물기를 빼고 물 100㎖에 설탕 200g을 넣어 조린다.

PART 2 | 채소·과일의 보존법

레몬 | 껍질이 겹치는 곳부터 상하기 쉬우므로 주의

제철	영양성분	보존 기간
가을~겨울 (11~1월) 1 2 3 4 5 6 7 8 9 10 11 12	레몬은 감귤류 중에서 비타민 C의 함유량이 가장 많다. 피로회복에 효과가 있는 구연산도 풍부하다.	채소실에서 1개월

| 냉장 ○ | 냉동 ○ | 상온 ○ | 절인다 ○ | 말린다 ○ |

〈고르는 법〉

껍질에 윤기가 있고 팽팽하다.

꼭지가 붙어 있고 마르지 않았다.

칼럼 감귤류의 껍질에는 무엇이 있지?

감귤류의 껍질에는 리모넨이라는 방향유가 함유되어 있는데, 그 상쾌한 향은 긴장을 풀어주는 효과가 있다고 한다. 또한 뇌세포를 활성화시키기 때문에 집중력을 높이며, 건망증 방지나 탈모 예방에도 효과가 있다.

안심 포인트 소금으로 문질러 잘 씻는다.

① 수입된 감귤류의 대부분은 방부제가 묻어 있으므로 손에 소금을 들고 잘 문질러 씻는다.
② 과즙을 짤 경우에는 껍질을 벗기고 해야 안심할 수 있다.

과일

냉장 보존

비닐봉지나 키친타월에 1개씩 싸서 보존하면 오래간다.

보존기간
1개월
(통째로)
4~5일
(자른 것)

통째로

비닐봉지에 넣는다.
비닐봉지에 넣어 채소실에서 보존한다.

자른 것

랩으로 싼다.
자른 것을 보존할 때는 자른 면에 랩을 씌워 채소실에서 보존한다.

memo

국산인지 수입물인지 구분하고.

수입산은 방부제가 사용되기 때문에 오래 가지만 껍질째 요리할 때는 국산 무농약을 쓰는 것이 좋다.

냉동 보존

과즙, 통째로, 자른 것 등 용도에 맞게 냉동한다.

보존기간
1개월

생으로

과즙을 짠다.
짠 과즙을 제빙기에 넣어 냉동한다. 얼었으면 꺼내 냉동용 지퍼백에 넣어 냉동 보존한다.

생으로

통째로 냉동한다.
냉동용 지퍼백에 넣든지 1개씩 랩으로 싸서 통째로 냉동한다.

>> 올바른 해동법

자연 해동 또는 얼린 채로

통째로 얼린 것과 자른 것, 껍질은 냉장실로 옮겨 자연 해동한다. 과즙을 얼린 것은 주스에 그대로 넣는다.

냉동 보존

과육과 껍질은 사용하기 좋게 잘라 냉동한다.

보존기간
1개월

생으로

빗 모양으로 잘라 냉동한다.
빗 모양으로 잘라 랩으로 싸든가 보존용기에 넣어 냉동한다.

생으로

껍질을 냉동한다.
껍질을 채 썰거나 갈아 랩으로 싼다. 냉동해도 향이 남는다.

memo

감귤류의 보존

유자 등 지역에 따라 특색이 있는 감귤류는 종류가 여러 가지지만, 레몬과 동일한 방법으로 보존하면 된다.

PART 2 | 채소·과일의 보존법

상온 보존

보존기간
2주일

바구니에 넣어 냉암소에 둔다.

통째로

바구니에 넣어.
통째로 보존할 경우에는 키친 타월로 싼 다음 바구니에 담아 통풍이 잘되는 냉암소에서 보존한다.

절인다

보존기간
2~3개월

소금이나 꿀에 절인다.

소금 레몬을 만든다.
소금 레몬을 만들어 두면 여러 요리에 사용할 수 있다. 그 외에도 설탕이나 꿀에 절여도 좋다.

말린다

보존기간
4개월

과자나 요리의 향을 내는 데에 사용한다.

껍질만 말린다.
껍질을 벗겨 채썬 다음 소쿠리에 펼쳐놓고 도중에 위아래를 뒤집으며 1~2일 정도 말린다.

memo

국산 레몬은 안심

무농약 레몬은 안심하고 껍질째 사용할 수 있으므로 설탕에 조린 다음 말려 레몬 필을 만든다. 또한 그대로 말려 건조했으면 제분기에 갈아 케이크나 쿠키의 향을 내는 데 사용한다. 향이 좋으므로 허브 티를 만들거나 소금과 섞어 레몬 솔트, 검은 후추와 섞어 레몬 페퍼를 만들어도 좋다.

---

memo

돋보이게 하는 역할만으로는 아깝다.

레몬의 일종인 유자는 요리의 풍미를 내는 데 최적. 즙을 짜서 폰스를 만들어도 좋고, 찬 음식이나 맑은 국에 과피를 곁들여도 좋다. 레몬처럼 구연산이 풍부한데, 레몬의 약 2배나 되는 구연산이 함유되어 있다. 껍질째 사용할 때는 껍질을 잘 씻고, 남은 것은 레몬과 같은 방법으로 냉동하면 장기 보존도 가능하다.

과일

키위 | 단단하고 아직 덜 익은 것은 사과와 함께 보존한다.

제철	영양성분	보존 기간
가을~봄 (11~5월)	피부에 좋은 비타민 C가 풍부하다. 식이섬유와 미네랄도 함유되어 있어 스트레스 해소에도 좋다.	냉장실에서 **2주일**

| 냉장 ○ | 냉동 ○ | 상온 ○ (덜 익은 것) | 절인다 ○ | 말린다 ○ |

〈고르는 법〉

약간 갈색 빛이 나고 솜털이 가지런하다.

꼭지 주위에 탄력이 있다.

냉동 보존 — 보존기간 1개월

슬라이스해서 냉동
껍질을 벗겨 슬라이스한 다음 냉동용 지퍼백에 평평하고 가지런히 넣어 냉동한다.

올바른 해동법 반 해동이 맛있다.
냉장실에 옮겨 천천히 해동한다. 냉동하면 섬유가 파괴되므로 반 해동이 최고다.

냉장 보존 — 보존기간 2주일

비닐봉지에 넣는다.
잘 익은 것은 비닐봉지에 넣고 끝을 살짝 묶어 냉장실에서 보존한다.

안심 포인트 껍질 주위는 먹지 않는다.

살충제가 남아 있을 수 있으므로 흐르는 물속에서 표면을 잘 문질러 씻고 껍질은 두껍게 깎는다. 껍질째 보존해 먹을 때는 껍질 주위는 먹지 않는 것이 좋다.

칼럼 육류와 먹으면 위장이 편안하다.

키위에 함유되어 있는 단백질 분해효소인 액티니딘은 육류의 소화를 돕는다. 또한 고기 잴 때 키위 즙을 넣으면 부드러워진다.

PART 2 | 채소·과일의 보존법

자몽 | 껍질에 붙어 있는 농약을 깨끗이 씻어낸다.

제철	영양성분	보존 기간
봄 (4~5월) 1 2 3 4 5 6 7 8 9 10 11 12	비타민 C가 풍부할 뿐 아니라 당도가 낮아 다이어트 중에 비타민 C를 섭취하기에 최고로 좋다.	채소실에서 2~3주일

| 냉장 ○ | 냉동 ○ | 상온 ○ (1주일) | 절인다 ○ | 말린다 ○ |

〈고르는 법〉

껍질에 윤기가 있고 탄력이 있다.

모양이 둥글고 상처 나 움푹한 곳이 없다.

 냉동 보존 보존기간 **1개월** 생으로

과육을 빼낸다.
과육을 빼서 냉동용 지퍼백이나 보존용기에 넣어 냉동한다.

 냉장 보존 보존기간 **2주일** 통째로

비닐봉지에 넣는다.
건조되지 않도록 비닐봉지에 넣고 입구를 살짝 봉해 채소실에서 보존한다.

올바른 해동법 반 해동이나 얼린 채로

냉장실에 옮겨 천천히 해동하거나 얼린 채 주스나 소주 하이볼(소주에 탄산수를 탄 음료)에 넣어도 좋다.

안심 포인트 소금으로 문질러 씻는다.

수입산 자몽은 방부제가 사용되므로 껍질에 소금을 문질러 씻는다. 흐르는 물에서 소금을 잘 씻어낸다.

칼럼 비타민 C 부족을 느낀다면…

자몽 반 개로 하루에 필요한 비타민 C를 섭취할 수 있고 피로회복과 피부에 좋다. 다만 복용중인 약이 있는 사람은 약과 자몽이 위험한 조합이 될 수 있으므로 주의해야 한다.

과일

수박 | 통수박은 먹을 때까지 상온 보존. 자른 것은 냉동 보존.

제철	영양성분	보존 기간
여름 (7~8월) 1 2 3 4 5 6 7 8 9 10 11 12	이뇨작용이 있는 시트룰린이라는 아미노산과 칼륨은 체내의 노폐물을 배출시켜 부종을 개선시킨다.	잘랐다면 냉장실에서 **2~3일**

| 냉장 ○ | 냉동 ○ | 상온 ○ | 절인다 ○ | 말린다 ○ |

〈고르는 법〉

녹색과 진한 녹색의 줄무늬가 뚜렷하다.

아래 배꼽 부분이 누르스름하다.

냉동 보존 보존기간 **1개월**

냉장 보존 보존기간 **자른 것 2~3일**

생으로

잘라서

잘라서 냉동
껍질을 벗겨 한입 크기로 자른 다음 냉동용 지퍼백에 넣어 냉동한다.

잘라서
자른 것이라면 자른 면에 랩을 씌워 냉장실에서 보존한다.

올바른 해동법 반 해동이나 얼린 채로

냉장실에 옮겨 반만 해동하거나 얼린 채 먹는다. 또한, 얼린 채 탄산수에 넣어도 좋다.

안심 포인트 젖은 행주로 닦는다.

기본적으로 껍질은 먹지 않지만 걱정된다면 젖은 행주로 표면을 잘 닦는다. 먹을 때는 바깥쪽에서 1cm 정도는 남긴다.

칼럼 껍질은 절임에

껍질에도 풍부한 칼륨이 들어 있으므로 녹색 껍질을 바깥쪽에서 1cm 정도 떼어내고 흰 부분을 슬라이스해서 아사즈케(일본식 채소절임)나 누카즈케(쌀겨를 유산 발효시켜 만든 통에 채소나 생선 등을 넣고 절여서 만든 음식)를 만든다.

133

PART 2 | 채소·과일의 보존법

바나나 | 상온 보관이 기본

제철	영양성분	보존 기간
일년 내내 (거의 수입한 것이기 때문에) 1 2 3 4 5 6 7 8 9 10 11 12	다양한 당질이 함유되어 있어 에너지 보급에 최적. 근육을 강하게 하고 고혈압 예방에도 효과적이다.	냉암소에 매달아 **3~4일**

| 냉장 △ | 냉동 ○ | 상온 ○ | 절인다 △ | 말린다 ○ |

〈고르는 법〉

꼭지가 붙어 있는 것이 싱싱하다.

NG!
상한 곳이 있는 것은 NG!

☀ **말린다** 보존기간 **3주일**

둥글게 썰기+레몬즙
둥글게 썰어 레몬즙을 뿌린 다음 소쿠리에 담아 3일 정도 말린다.

≡ **상온 보존** 보존기간 **3~4일**

통째로
매달면 오래간다.
접촉한 면부터 상하기 시작하므로 후크 등에 매달아 보존한다.

안심 포인트 꼭지 주위는 먹지 않는다.

껍질을 벗기고 먹기 때문에 안심할 수 있지만 껍질과 꼭지 가까이에 농약이 남아 있을 수 있으므로 주의해야 한다.

칼럼 냉장할 때는 껍질을 벗겨

바나나가 검어지는 것은 껍질에 함유되어 있는 갈변물질인 폴리페놀이 원인이다. 껍질을 벗기고 과육에 레몬을 뿌려 랩으로 싼다. 냉동도 가능하다.

올바른 해동법 너무 차가워지지 않게 주의

바나나는 열대 과일이라서 냉장보존하면 저온 장해로 껍질이 까맣게 되어 변질될 수 있으므로 상온 보존이 기본이다.

과일

멜론

기본은 상온 보존. 다 익었으면 먹기 전에 차게 한다.

제철	영양성분	보존 기간
여름 (5~8월) 1 2 3 4 5 6 7 8 9 10 11 12	부종 및 고혈압 예방에 좋은 칼륨이 풍부하다. 적육종에 항산화 작용이 있는 베타카로틴이 많다.	잘랐다면 냉장실에서 **2~3일**

| 냉장 ○ | 냉동 ○ | 상온 ○ | 절인다(껍질) ○ | 말린다(껍질) ○ |

〈고르는 법〉

표면의 망 무늬가 촘촘하다.

배꼽부분이 부드러운 것은 먹기에 적당.

❄ **냉동 보존** 보존기간 **2개월**

생으로

한입 크기로 잘라 냉동
껍질을 벗겨 한입 크기로 자른다. 냉동용 지퍼백이나 용기에 넣어 냉동한다.

올바른 해동법 자연 해동이나 반해동
냉장실에서 천천히 해동한다. 아이스크림에 섞거나 얼린 채 프루츠펀치(잘게 썬 과일을 얼음물 과즙에 섞은 음료)에 넣어도 좋다.

〰 **냉장 보존** 보존기간 **2~3일**

잘라서

씨를 빼고 보존한다.
자른 것이라면 씨와 속을 파내고 자른 면에 랩을 씌워 보존한다.

안심 포인트 껍질 부근은 먹지 않는다.

외피 부분에 농약이 남아 있을 수 있으므로 표면을 물로 씻는다. 껍질에서 1cm 정도는 먹지 않는 것이 좋다.

칼륨 칼륨은 수박의 3배

땀을 흘리면 칼륨을 배출하기 쉬우므로 여름철 수분 보급에 좋다. 달아오른 몸을 식히는 효과도 있으므로 몸이 냉한 사람은 너무 많이 먹지 않는 것이 좋다.

PART 2 | 채소·과일의 보존법

귤

냉장실은 건조하기 쉬우므로 종이로 싼다.

제철	영양성분	보존 기간
겨울 (11~1월)	비타민 C와 구연산이 풍부해 감기 예방과 피로회복에 효과적이다. 과육을 싸고 있는 부분(흰 부분)에는 식이섬유가 많다.	냉암소에서 **1개월**

1 2 3 4 5 6 7 8 9 10 11 12

냉장 ○ 　 냉동 ○ 　 상온 ○ 　 절인다 ○ 　 말린다 ○

〈고르는 법〉

오렌지색이 진하고 고르다.

꼭지가 작다.

껍질과 과육 사이에 빈틈이 없다.

칼럼 과육을 싸고 있는 부분에 영양소가 있다.

과육을 싸고 있는 부분에는 식이섬유가 풍부하게 함유되어 있어 변비해소에 좋으며 비타민 P는 모세혈관을 강화해 고혈압 예방에 좋다. β-크립토산틴은 골다공증 예방에 효과적이다.

안심 포인트 껍질을 벗기면 안심!

① 껍질에 농약이나 왁스가 묻어 있을 수 있지만 껍질을 벗겨 먹으므로 안심할 수 있다.
② 껍질을 사용할 경우에는 표면을 잘 씻어 농약이나 왁스를 제거한다.

과일

냉장 보존

겨울 이외에는 냉장실에서 보존.

통째로

보존기간 **2개월**

비닐봉지에 넣는다.
1개씩 키친타월에 싼 다음 비닐봉지에 넣고 입구를 가볍게 봉해 냉장실에서 보존한다.

상온 보존

꼭지를 밑으로 가게 해서 통풍이 잘되는 냉암소에.

통째로

보존기간 **1개월**

바구니에 담아 보존.
1개씩 키친타월에 싼 다음 꼭지를 밑으로 가게 해 바구니에 담아 놓으면 잘 상하지 않는다.

냉동 보존

냉동귤을 만든다.

생으로

보존기간 **1~2개월**

물에 적셔 냉동
껍질 표면을 잘 씻은 다음 젖은 채 냉동용 지퍼백에 넣어 냉동한다. 채차 물에 넣어 재동결을.

memo

포인트는 재동결

과육의 건조를 막기 위해 한 번 동결한 귤을 냉수에 적셨다가 다시 동결시켜 얼음막을 만든다.

>> 올바른 해동법

반 해동해 샤베트 느낌으로

냉장실로 옮겨 천천히 반 정도만 해동한다. 반해동 상태에서 껍질을 벗겨 먹으면 샤베트처럼 맛있다.

말린다

말린 귤껍질은 끓여 차로 마시거나 욕탕에 띄운다.

보존기간 **6개월**

껍질을 말린다.
껍질을 잘 씻은 다음 벗겨 소쿠리에 펼쳐놓고 도중에 위아래를 뒤집으며 2일 정도 말린다.

memo

귤껍질은 만능 아이템

귤껍질은 한방에서 진피라 해서 한약 재료로 쓰고 있으며, 감기가 들었을 때 복용하기도 한다. 왁스나 농약을 제거한 껍질을 말려 완전히 건조되면 분쇄기로 가루를 만들어 사용한다. 복용 시에는 생강이나 설탕을 넣는 것도 좋다. 또한 말린 껍질을 욕탕에 띄우면 어깨 결림을 개선하는 효과가 있다.

PART 2 | 채소·과일의 보존법

사과

| 키친타월로 싸서 상온 보존하는 것이 기본.

제철	영양성분	보존 기간
가을~겨울 (11~2월) 1 2 3 4 5 6 7 8 9 10 11 12	과당과 포도당이 풍부하다. 식이섬유의 일종인 사과 펙틴(아라비노올리고당)은 유산균을 증식한다.	냉암소에서 **1개월**

| 냉장 ○ | 냉동 ○ | 상온 ○ | 절인다 ○ | 말린다 ○ |

〈고르는 법〉

꼭지가 말라 있지 않다.

아래쪽까지 붉다.

칼럼 왜, 꿀이 들어 있는가?

잎에 햇빛이 닿으면 전분이 생성되고 물에 녹기 쉬운 솔비톨로 변해 가지를 통과해 열매에 모인다. 이것이 꿀의 정체. 솔비톨은 산소에 의해 과당이나 자당으로 바뀌어 달콤하다.

안심 포인트 껍질을 벗겨 먹는다.

① 물속에 넣고 물을 흘려보내면서 스펀지 등으로 꼼꼼히 씻는다.
② 생으로 먹을 때 껍질을 벗기면 보다 안심할 수 있다.

과일

냉장 보존

보존기간
3개월

에틸렌 가스를 방출하지 않게 밀폐한다.

통째로

비닐봉지에 넣는다.
에틸렌 가스를 방출하지 않도록 비닐봉지에 넣어 밀폐한다. 배꼽을 아래로 해서 냉장실에서 보존한다.

상온 보존

보존기간
1개월

키친타월로 싸서 냉암소에.

통째로

종이로 싼 다음 상자에 담아 보존.
1개씩 키친타월에 싼 다음 신문지를 깐 골판지상자에 넣어 냉암소에서 보존한다.

냉동 보존

보존기간
1개월

생으로 보존하거나 콤포트(설탕에 절임)나 퓌레 상태로 해서 보존.

생으로

생으로 냉동
껍질과 씨를 제거하고 슬라이스한 사과는 냉동용 지퍼백에 겹치지 않게 넣어 냉동한다.

가열해서

가열해서
졸여서 콤포트나 퓌레 상태로 해서 냉동용 지퍼백에 넣어 냉동한다.

>> **올바른 해동법**

냉장실에서 자연 해동한다.

가열한 것은 전날 냉장실로 옮겨 해동해 디저트나 잼 대신 먹는다. 슬라이스한 것은 반해동 상태에서 먹는다.

말린다

보존기간
2~3주일

말리면 신맛이 적어진다.

STEP 1

》

STEP 2

소금물에 담근다.
8등분으로 잘라 씨를 뺀 다음 얇게 썰어 변색 방지를 위해 한번 소금물에 담근다.

소쿠리에 펼쳐놓고 말린다.
소쿠리에 겹치지 않게 펼쳐놓고 도중에 위아래를 뒤집으며 2일 정도 말린다.

memo

홍차에 띄우거나 그냥 그대로 먹는다.

껍질 부분에 영양소가 많이 함유되어 있으므로 껍질째 햇볕에 말린다. 껍질의 농약이 걱정될 경우에는 소다로 잘 씻는다.

COLUMN

양상추의 심에 밀가루를 발라 놓으면 정말 오래가나?

식이섬유가 풍부한 양상추. 통째로 1개를 샀지만 다 먹지 못하고 시들어 버려 결과적으로 낭비하는 일도 있다. 여기서는 양상추를 오래 보존하는 방법을 검증해 보았다. 우선 통째로인 양상추와 심의 단면에 밀가루를 묻힌 양상추를 각각 신문지에 싼 다음 랩을 씌워 채소실에 보존했다. 2주일 후 꺼내본 결과 그냥 보존한 양상추는 심에 여분의 물기가 나와 바깥쪽 잎이 시들시들했다. 그러나 심에 밀가루를 바른 양상추는 보기에도 좋고 식감도 아삭아삭했다. 밀가루를 발라 심에서 물기가 나오는 것을 막았기 때문에 신선도를 유지할 수 있었다.

Before

After(2주일 후)

OK!

〈보존방법〉
심에 밀가루를 묻혀 신문지에 싼 다음 랩을 씌운다.

전체적으로 아삭아삭

PART 3

\완전 마스터~!/
육류·어패류의
보존법

고기와 생선의 신선도를 떨어뜨리지 않고 보존하기는 어렵다고 생각하지 않는가? 여기서는 간단한 처리로, 보다 맛있게 보존할 수 있는 요령을 소개한다.

Preservation technique of meat and seafood.

PART 3 | 육류·어패류의 보존법

Q>>> 고기 보존, 어느 쪽이 정답?(냉장편)

A 팩째 냉장

〈보존법〉
고기를 팩째로 저온 냉장실에 보존.

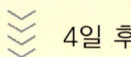
4일 후

즙이 나와 색이 변하고 맛도 떨어진다.

개봉하지 않은 상태라 해도 팩째로 냉장해서는 안 된다.

신선도가 생명인 고기. 구입 후에는 저온냉장실이나 부분 냉장실에 넣어 보존하기를 권한다. 그때 주의해야 할 것은 보존방법. "개봉하지 않았으니까 팩째 보존해도 괜찮겠지!" 하고 사온 상태로 보존해서는 안 된다. 팩에 들어 있는 상태에서는 고기가 공기에 접촉해 산화가 진행되는데다 곰팡이나 잡균이 번식하기 쉽기 때문이다.

고기 · 어패류의 보존 철저 검증 ①

B 키친타월로 싼 다음 랩

〈보존법〉
고기를 팩에서 꺼내 키친타월로 싼 다음, 랩에 싸서 저온 냉장실에 보존한다.

4일 후

이쪽이 오래간다.

오래간다.

OK!

조미료 등으로 밑간을 하면 더 오래 간다.

공기를 차단해서 밀폐 보존하는 것이 포인트.

고기는 팩에서 꺼내 드립(drip)이라고 부르는 고기에서 나온 수분을 닦아내고, 공기에 접촉되지 않도록 키친타월로 싸고 또 랩으로 잘 싸서 비닐봉투에 넣어 공기를 차단시켜 저온 냉장실에 보존한다. 또, 소금·식초 등은 균의 번식을 억제시키므로 조미료로 밑간을 하는 것도 OK.

143

PART 3 | 육류·어패류의 보존법

Q>>> 고기 보존, 어느 쪽이 정답?(냉동편)

A 닭가슴살을 그대로 냉동

〈보존법〉
팩에서 꺼내 랩으로 잘 싼 다음 냉동용 지퍼백에 넣어 급속 냉동.

≫ 3주일 후

수분이 적어져 단단하고 퍼석퍼석한 식감

지방분이 적은 닭가슴살은 건강에 좋은 부위지만 그대로 냉동하면 퍼석퍼석해져 맛이 없다. 닭가슴살은 근육 막이 얇아 수분을 잃기 쉬운데, 건조되면서 맛까지 빼앗아가기 때문이다. 해동 후에 쪄도 단단한 식감이 느껴지므로 그대로 냉동 보존하기에는 적합하지 않다.

≫ 자연 해동

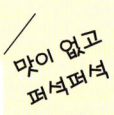
하얗다…

≫ 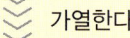 가열한다.

맛이 없고 퍼석퍼석

단단해져 퍼석퍼석…
닭고기의 풍미도 잃어버렸다.

고기·어패류의 보존 철저 검증 ②

B 얼음물에 넣었다가 급속 냉동

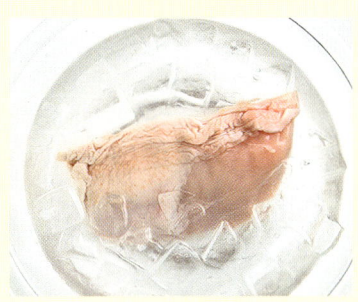

〈보존법〉
얼음물에 넣었다가 팩에서 꺼내 랩으로 잘 싼 다음 냉동용 지퍼백에 넣어 급속 냉동.

3주일 후

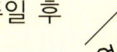 얼음막이 있다.

자연 해동

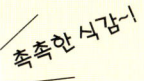 고운 핑크색

건조와 산화를 막는 비결은 얼음물에 있다.

고기를 날것 그대로 장기보존할 때는 얼음물에 넣었다가 랩에 싸서 냉동한다. 이렇게 하면 고기 표면에 글레이즈라는 얼음막이 생겨, 이 얼음막에서 물 분자가 증발하는 동안은 고기의 수분이 유지될 뿐 아니라 냉동 중의 건조나 산화를 막아준다. 이것은 고기뿐 아니라 어패류에도 적용할 수 있는 뛰어난 냉동법이다. 어느 쪽이든 급속 냉동이 철칙이다.

가열한다.

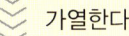 촉촉한 식감~!

OK! 얼음막이 건조를 막아주기 때문에 맛도 식감도 그대로다.

PART 3 | 육류·어패류의 보존법

Q>>> 고기 보존, 어느 쪽이 정답? (냉동편)

A 닭허벅지살을 밑간을 하지 않고 냉동

〈보존법〉
밑간을 하지 않고 닭허벅지살을
냉동용 지퍼백에 넣어 냉동.

3주일 후

자연 해동

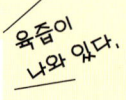
육즙이 나와 있다.

육즙과 맛의 성분이 유출돼 좋지 않은 결과로 이어진다.

고기를 밑간을 하지 않고 냉동해도 잘못된 것은 아니다. 다만, 해동할 때 육즙이 나오기 때문에 권할 만하지 않다. 또한 해동 후에 볶는 등 가열처리를 하면 수분과 함께 맛의 성분도 유출되기 때문에 퍼석퍼석해져 맛이 떨어진다. 고기를 냉동할 때는 밑간을 하는 등 손질을 하는 것이 좋다.

볶는다.

맛이 없고 퍼석퍼석

해동 후에 볶으면 수분이 날아가 맛이 떨어진다.

고기·어패류의 보존 철저 검증 ③

B 닭허벅지살을 밑간을 해서 냉동

〈보존법〉
간장 등으로 양념을 해서 냉동용 지퍼백에 넣어 급속 냉동.

≫ 3주일 후

≫ 자연 해동

／냉동하기 전과 색이 달라지지 않았다.／

≫ 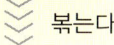 볶는다.

／육즙이 많아 맛있다~!／

양념으로 부드러운 맛을 낸다.

양념에 들어 있는 소금·알코올·식초 등은 잡균의 번식을 막는 역할을 하므로 밑간을 하면 오래간다. 또한, 냉동 중에 양념이 고기에 스며들기 때문에 고기가 부드러워져 맛있다. 냉동 보존을 할 때 다른 식재료로부터 냄새가 배는 것도 막을 수 있어 장기 보존도 가능하다. 꺼내 굽기만 하면 되기 때문에 요리하기도 간편하다.

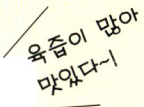 양념이 스며 고기가 부드럽게 되었다!

PART 3 | 육류·어패류의 보존법

\ 이것만 알면 정말 맛있고 오래간다! /
고기의 냉장·냉동 보존의 기본

고기는 얼마나 신선한지가 중요하다.
그 맛을 잃지 않고 신선을 유지하면서 보존하기 위한 포인트를 익혀 보자.

1 어쨌든 수분을 제거할 것

고기의 냉장 보존의 기본 요령
(슬라이스한 고기의 경우)

① 수분을 잘 뺀다.

고기에서 나온 물기를 키친타월로 잘 닦아낸다.

② 키친타월로 한 장씩 싼다.

고기에서 나오는 즙을 흡수하기 위해 키친타월에 끼운다.

③ 랩으로 한 장씩 싼다.

공기에 접촉하지 않도록 랩으로 잘 싼다.

④ 위에 보냉제를 올린다.

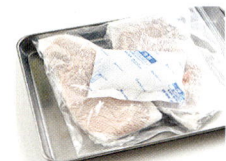

금속 쟁반에 담아 보냉제를 올려서 냉장한다.

/ 더 오래간다! \

여분의 수분을 제거해 오래 보관시킨다

고기를 냉장할 때는 고기에서 나오는 물기를 잘 닦는 것이 중요하다. 수분이 많으면 상하기 쉽고 맛도 떨어진다. 키친타월로 여분의 수분을 흡수시키면서 냉장하자. 산화를 막기 위해 랩으로 잘 싼 다음 비닐봉지에 넣어 저온냉장실이나 부분실에 보존한다. 위에 보냉제를 올릴 것을 권한다.

고기·어패류의 특징을 알자 ①

2 냉동하려면 얼음막을 입히거나 밑간을 한다.

간단한 손질로 더 맛있게 오래 보관

고기를 냉동 보존할 때 손질해 넣으면 훨씬 맛있고 오래간다. 먼저, 얼음물에 넣었던 고기를 랩에 싸서 냉동용 지퍼백에 넣는 방법. 고기의 표면을 얼음이 덮어 산화방지가 된다. 그리고 밑간을 해 냉동용 지퍼백에 넣어 냉동하는 방법. 밑간을 하면 즙이 잘 나오지 않기 때문에 고기가 연해진다.

> 고기의 냉동 보존의 기본 요령

밑간을 한다.

양념으로 밑간을 한다.

얼음막을 입힌다.

얼음물에 넣는다.

랩으로 싸서 냉동용 지퍼백에 넣는다.

랩으로 싸서 냉동용 지퍼백에 넣는다.

 냉동실에 보존

PART 3 | 육류·어패류의 보존법

Q>>> 어패류 보존, 어느 쪽이 정답? (냉장편)

A 오징어를 그대로 냉장

〈보존법〉
사온 채로 오징어를 랩에 싼 다음 비닐봉지에 넣어 저온냉장실에 보존.

3일 후

강하게 자극하는 냄새가...

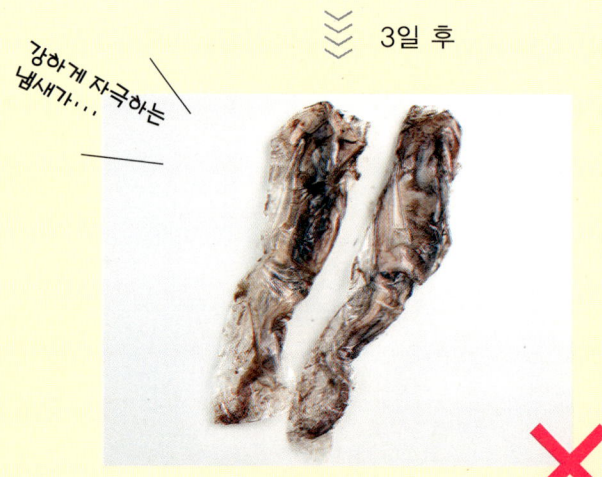

NG!

내장에서 암갈색 액체가 나와 코를 자극하는 냄새가 난다.

내장부터 상하므로 반드시 손질을

신선도가 생명인 어패류는 내장부터 상한다. 오징어도 내장과 연골을 제거하지 않고 그대로 냉장하면 표면이 미끈미끈하고 냄새도 나기 시작한다. 다른 식품에 냄새를 배게 할 수 있으므로 내장을 꼭 제거하고 넣어야 한다. 빨판도 깨끗하게 손질해 제거하고 나서 보존하자. 손질 후에는 냉장고의 저온냉장실이나 부분실에 넣는다.

고기·어패류의 보존 철저 검증 ④

B 내장을 빼고 냉장

〈보존법〉
내장을 빼내고 씻어 물기를 닦은 다음 랩으로 싼다. 금속 쟁반에 담아 보냉제를 올린 후에 저온냉장실에 보존한다.

3일 후

이렇게 해야
오래 보존!

OK!

냄새도 없고 보기에도 깨끗해 그대로 요리할 수 있다.

구입 후 즉시 손질을 하는 것이 오래 보존하는 요령

오징어는 즉시 내장과 연골을 제거하고 잘 씻어 물기를 닦아야 한다. 손질을 해서 저온냉장실이나 부분실에 보존하면 계절에 따라 다르지만 2~3일은 싱싱하게 보존된다. 손질을 해서 몸체와 다리 등 용도에 맞게 구분해 두면 즉시 사용하지 않아도 그대로 냉동 보존도 가능하므로 편리하다.

PART 3 | 육류·어패류의 보존법

Q>>> 생선 보존, 어느 쪽이 옳지?(냉동편)

A 생선 그대로 냉동 ✗

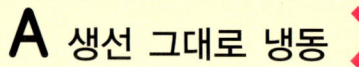

〈보존법〉
전갱이(아지)를 한 마리씩 랩으로 싼 다음 냉동용 지퍼백에 넣어 보존.

≫ 3주일 후 / 보기에는 보통?

풍미가 떨어지고 퍽퍽한 식감

오징어와 마찬가지로 생선은 내장부터 상하기 때문에 구입 후에는 머리와 내장, 아가미를 떼어서 흐르는 물에 잘 씻은 다음 물기를 잘 닦는 것이 중요하다. 손질을 하지 않고 그대로 냉동하면 해동할 때 즙이 나와 비린내가 나고 물기가 많아진다. 구우면 퍽퍽하고 맛이 떨어진다. 손질을 꼭 해 두자.

≫ 자연 해동 / 생선 비린내가 좀 난다.

≫ 굽는다. / 퍽퍽하고 냄새도…

NG! 냄새도 나고 퍽퍽하다. 내장 주위는 쓴맛도 난다.

고기 · 어패류의 보존 철저 검증 ⑤

B 생선의 머리를 떼고, 배를 갈라, 토막 내어 냉동

〈보존법〉
전갱이의 머리를 떼고, 배를 갈라, 토막 내어 랩으로 싼 다음 냉동용 지퍼백에 넣어 보존.

≫ 3주일 후 / 신선도 유지!

손질을 한 후에는 물기를 잘 닦을 것.

생선은 머리와 내장을 떼고 나서 흐르는 물로 씻는다. 내장의 냄새를 남기지 않도록 뱃속을 잘 씻고 토막 내어 키친타월로 물기를 닦는다. 보존할 때는 얼음물에 넣었다가 하나하나 랩으로 싼 다음 냉동용 지퍼백에 넣어 냉동한다. 또한 밑간을 하고 나서 냉동하면 산화를 막고 다른 식재료에 냄새가 배지 않아서 좋다.

≫ 자연 해동 / 냄새 걱정 없다,

≫ 굽거나 볶는다. / 촉촉하고 부드럽다~!

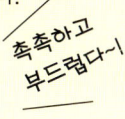 머리를 떼고 배를 갈라 토막 내 놓으면 냄새도 없고 촉촉한 식감을 맛볼 수 있다.

153

PART 3 | 육류·어패류의 보존법

\ 이것만 알면 정말 맛있고 오래간다! /
어패류의 냉장·냉동 보존의 기본

상하기 쉽고 냄새도 신경 쓰이는 어패류.
신선도도 맛도 그대로 유지할 수 있는 손질법을 익혀 두자.

1 내장은 떼낸다.

어패류의 냉장 보존 요령
(생선일 경우)

① 구입 직후 즉시 씻어 내장을 떼낸다.

생선은 잘 씻은 다음 머리를 잘라내고 상하기 쉬운 내장을 떼낸다.

② 뱃속까지 물로 잘 씻는다.

내장의 미끈미끈한 느낌이 남지 않도록 잘 씻는다.

③ 물기를 잘 닦는다.

표면뿐만 아니라 뱃속의 물기도 잘 닦는다.

④ 랩으로 싸서 냉장 보존

랩으로 잘 싼 다음 비닐봉지에 넣어 냉장.

상하기 쉬운 내장과 아가미는 즉시 떼낸다.

신선한 것을 구입해 즉시 손질을 해야 한다. 생선이나 오징어 등 어패류는 내장부터 상하기 때문에 가급적 빨리 머리와 내장, 아가미를 떼낸다. 떼낸 다음에는 흐르는 물에서 잘 씻어 물기를 잘 닦고 랩에 싼 다음 비닐봉지에 넣어 냉장고의 부분실이나 저온냉장실에 보존한다. 손질을 해서 냉장 보존하면 신선도와 맛을 유지시킨 채 보존할 수 있다.

2 어패류의 냉동 내성을 알자.

종류에 따라 냉동 보존에 적합하지 않는 것도 있다.

어패류는 종류에 따라 냉동 내성이 다르다. 참치나 가다랭이 같은 붉은 살 생선이나, 오징어나 낙지처럼 수분이 적고 식품의 조직이 치밀한 것은 냉동에 적합하다. 반대로 대구 같은 흰 살 생선은 조직이 연해 그대로 냉동하면 해동할 때 즙이 나와 맛이 떨어진다. 냉동내성이 낮은 생선은 밑간을 한 후에 보존하는 것이 좋다.

냉동 내성의 높고 낮음과 냉동 방법

높다

참치나 가다랭이

오징어나 낙지

- 내장이 있는 생선이나 오징어 등은 손질을 한 후 랩으로 싸서 냉동한다.
- 생선 토막이나 덩어리는 그대로 랩으로 싸서 냉동한다.
- 밑간을 해서 냉동한다.
- 얼음물에 넣었다가 냉동한다.

냉동 내성

대구 같은 흰 살 생선

산란 후의 생선

- 그대로 냉동은 NG!
- 밑간을 해서 냉동한다.
- 얼음물에 넣었다가 냉동한다.

낮다

 memo 냉동 내성이란?

냉동했을 때 그 환경에 어느 정도 적응할 수 있는지, 견딜 수 있는지를 말한다. 냉동에 적합한 식재료와, 적합하지 않은 식재료가 있으므로 식품의 특징을 잘 알고 냉동 보존하자.

PART 3 | 육류·어패류의 보존법

Q>>> 햄버그 스테이크의 보존, 어느 쪽이 옳지?

A 재료 그대로 냉동

〈보존법〉
재료를 랩에 싼 다음 냉동용 지퍼백에 넣어 냉동.

▽▽ 자연 해동

프라이팬에서 굽는다.

보기에도 육즙이 나와 즙이 많다.

OK!

／육즙이 많다,

막 구워낸 맛! ○

B 구워서 냉동

〈보존법〉
구워서 냉동한 햄버그 스테이크를 랩으로 싼 다음 냉동용 지퍼백에 넣어 냉동.

▽▽ 자연 해동

전자 레인지에서 가열

따뜻해도 왠지 단단한 느낌

NG!

／육즙도 없고 퍽퍽하다,

윤기 있는 육즙도 없고 단단한 식감.

고기 재료는 랩으로 잘 싸는 것이 요령

고기를 구워 냉동시킨 경우, 해동 시에 햄버그 스테이크에서 육즙이 나와 단단해져 버리기 때문에 고기 재료 그대로 냉동하는 것이 정답이다. 냉동할 때는 공기에 접촉해 산화하지 않도록 랩으로 잘 싸서 냉동한다. 자연 해동해서 프라이팬에 구우면 육즙이 듬뿍 나와 맛있다. 설 구워진 부분이 생기지 않도록 한 가운데를 움푹하게 만들어 두는 것도 잊지 말자.

고기·어패류의 보존 철저 검증 ⑥

Q>>> 연어 토막으로 보존, 어느 쪽이 옳지?

A 소금을 뿌려 생으로 냉동

〈보존법〉
연어 토막에 소금을 뿌려 랩에 싼 다음 냉동용 지퍼백에 넣어 냉동.

≫ 자연 해동

석쇠 위에 올려놓고 굽는다.

지방이 스며나오는 느낌.

OK! 〈맛있다,〉

살이 부드러워져 ◯

B 구워서 냉동

〈보존법〉
구운 연어를 식혀 랩으로 싼 다음 냉동용 지퍼백에 넣어 냉동.

≫ 자연 해동

전자레인지에서 가열

보기에 퍽퍽한 느낌이 있다.

NG! 〈풍미도 없고 퍽퍽하다,〉

지방이 빠져서 퍽퍽한 느낌 ✕

적당한 지방과 맛 성분을 그대로 유지한다.

연어 토막은 소금을 뿌려 그대로 냉동하면 편리하다. 자연 해동하고 나서 구우면 지방이 스며나와 부드럽게 부풀기 때문에 맛있게 구워진다. 반대로 구워 냉동하면 구울 때 지방분과 맛 성분이 떨어져 버리기 때문에 해동해도 퍽퍽한 식감이 있다. 구운 연어는 조미를 해서 냉동하기를 권한다.

PART 3 | 육류·어패류의 보존법

\ 왜 맛이 다르지? /
가열 후 냉동하면 왜 맛이 없지?

굽거나 튀기거나 기름에 가열처리한 후 냉동하면 왠지 맛이 없다.
여기서는 그 맛이 없어지는 원인을 알아본다.

1 가열하면 수분이 빠진다.

가열한 후 냉동하면 맛이 없는 이유

굽거나 튀긴다. → 냉동 보존
↓ ↓
수분이 빠진다. 건조한다.
↓ 자연 해동
더 퍼석퍼석해진다!! ← 전자레인지 가열

가열한 후 냉동하면 수분이 빠져 건조해진다.
햄버그 스테이크과 연어 토막으로 검증한 것처럼 가열조리를 해서 냉동하면 햄버그 스테이크라면 육즙이 흘러 떨어져 버린다. 생선 토막이라면 지방이 떨어져 팍팍해진다. 이것은 가열하면서 수분이 빠진데다 냉동으로 인해 식재료가 건조해 버렸기 때문이다. 수분이 빠진 상태에서 냉동고 속의 공기에 접촉하면 단백질이 변하거나 기름이 산화해 맛이 없어진다.

2 냉동실에서 건조, 산화되며 냄새가 밴다.

맛이 없는 이유는 서리와 공기와 냄새 때문

냉동한 식재료는 냉동실 문의 개폐로 인한 온도변화로 녹았다 얼었다를 반복하는 사이에 서리가 낀다. 서리가 끼면 건조되어 풍미가 떨어진다. 또한 식재료는 지방분이 공기에 접촉하면 산화한다. 산화한 식재료는 변색하며, 이것도 풍미가 떨어지는 원인이 된다. 그 외에 냉동실의 냄새가 스며들어 배는 것도 식재료가 맛이 없어지는 원인이다. 확실히 밀폐하는 것이 중요하다.

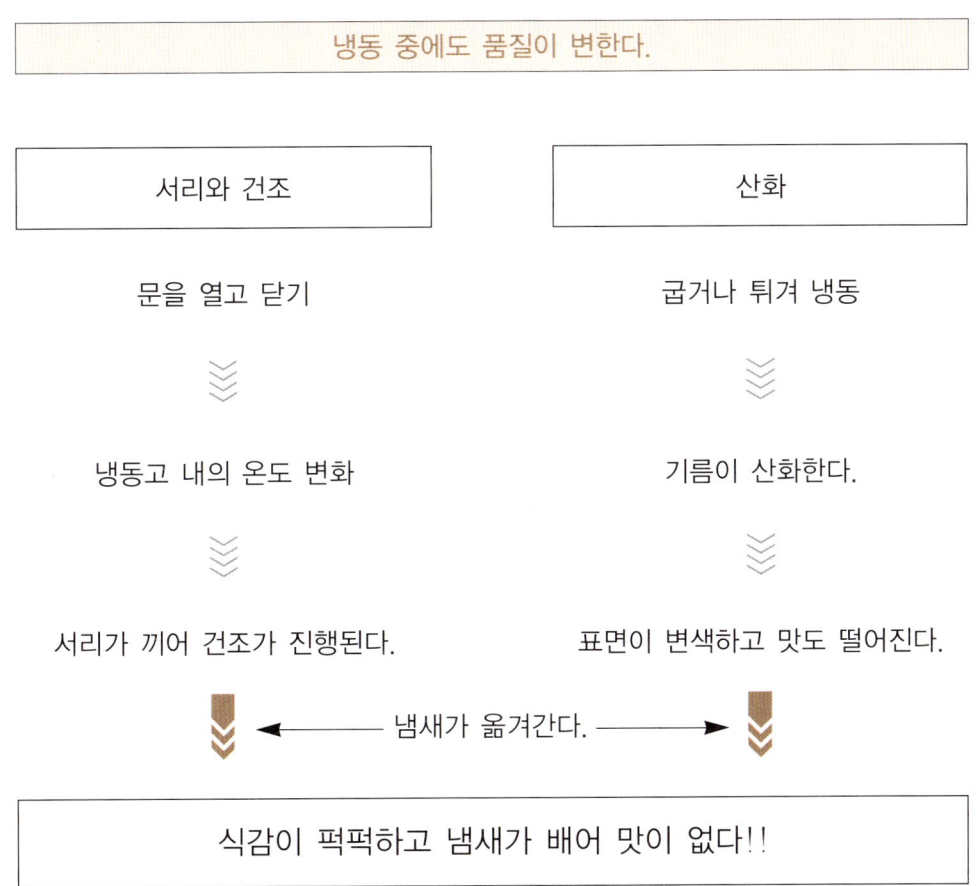

PART 3 | 육류·어패류의 보존법

돼지고기 | 키친타월로 싸면 신선도가 오래간다!

영양성분	보존 기간
양질의 단백질과 비타민 B$_1$이 풍부하다. 비타민 B$_1$은 쇠고기의 약 10배나 되며 피로회복에 좋다.	냉동에서 2~3주일

| 냉장 O | 냉동 O | 상온 X | 절인다 O | 말린다 X |

〈고르는 법〉
붉은 살결이 촘촘하다.
물기가 없다.

얇게 썬 돼지고기
돼지고기 덩어리
작게 저민 고기
윤기와 탄력이 있다.
돈가스, 스테이크용 고기
붉은 살은 옅은 핑크, 지방은 하얗다.

돼지고기

냉장 보존

보존기간
부분실에서 1~2주일
냉장실에서 2~3일

얇게 자른 돼지고기, 작게 저민 조각 키친타월과 랩으로 밀폐냉장

STEP 1 수분을 닦는다.
구입 즉시 팩에서 꺼내 키친타월로 수분을 닦는다.

STEP 2 종이 타월로 싼다.
얇게 자른 고기는 한 장씩 키친타월 사이에 끼우고, 작게 저민 고기는 작은 포장으로 싼다.

STEP 3 랩으로 잘 싼다.
3~4장 포개, 공기를 빼고 랩으로 잘 싼다. 온도가 낮은 부분실에 넣는다.

냉장 보존

보존기간
부분실에서 1~2주일
냉장실에서 2~3일

덩어리 돼지고기 밑간을 해서 냉장하면 편리하다.

키친타월이나 랩으로 (생으로)
수분을 닦아 키친타월로 싼 다음 공기가 빠지도록 랩으로 잘 싼다.

밑간해서
수분을 닦고 소금을 뿌려 밑간을 한다. 비닐봉지에 넣어 입구를 살짝 봉한다.

삶아서 냉장
소금과 술을 뿌린 고기를 향미 채소와 함께 삶아 식힌 후 삶은 물과 함께 지퍼백이나 밀폐용기에 넣는다.

냉장 보존

보존기간
부분실에서 1~2주일
냉장실에서 2~3일

돈가스, 스테이크용 고기 보냉제를 올린다.

더 오래 간다.

키친타월과 랩으로 (생으로)
수분을 닦고 키친타월로 싼 다음 공기를 빼듯이 랩으로 잘 싼다.

밑간을 한다. (밑간해서)
수분을 닦은 고기에 된장 등으로 밑간을 한다. 지퍼백에 넣어 공기를 확실히 빼서 보존한다.

보냉제를 올린다.
지퍼백 위에 보냉제를 올려 부분실에서 보존하면 더 오래간다.

PART 3 | 육류·어패류의 보존법

냉동 보존

보존기간 2~3주일

얇게 자른 돼지고기, 작게 저민 조각 밑간을 하는 등 궁리해서 냉동

생으로

밑간을 해서

밑간을 해서

얼음물에 넣는다.
한 장씩 얼음물이나 소금물에 넣었다 빼서 랩에 싼 다음 냉동용 지퍼백에 넣어 냉동한다.

밑간을 해서
수분을 닦고 조미료로 밑간을 한다. 냉동용 지퍼백에 넣어 공기를 빼서 냉동한다.

오일 절임을 해서
얇게 썬 양파와 함께 냉동용 지퍼백에 넣고 올리브 오일을 넣어 오일 절임을 만든다.

냉동 보존

보존기간 2~3주일

돼지고기 덩어리 3~4cm 두께로 잘라 냉동

생으로

밑간해서

얼음물에 넣는다.
3~4cm 두께로 잘라 얼음물에 넣었다 빼서 랩에 싼 다음 냉동용 지퍼백에 넣어 냉동한다.

밑간을 한다.
3~4cm 두께로 잘라 조미료로 밑간을 해서 냉동용 지퍼백에 넣어 냉동한다.

memo

왜 잘라서 냉동하지?

덩어리 고기를 그대로 넣으면 냉동하는 데 시간이 걸리고 산화하거나 수분이 증발하기 때문에 잘라서 냉동하는 것이 좋다.

냉동 보존

보존기간 2~3주일

돼지고기 덩어리(삶아서) 삶은 돼지고기도 삶은 국물도 냉동할 수 있다!

STEP 1

삶아서

»

STEP 2

돼지고기를 삶는다.
소금과 술을 뿌린 고기를 향미채소와 함께 삶아서 식힌 다음 삶은 물과 함께 보존용기나 밀폐용기에 넣는다.

삶은 물도 냉동한다.
돼지고기를 삶았을 때 남은 국물은 식혀 냉동용 지퍼백이나 용기에 넣어 냉동한다.

memo

삶은 국물과 함께 냉동

삶은 돼지고기를 만들었다면 산화방지를 위해 삶은 국물과 함께 냉동한다. 삶은 국물은 냉동한 다음 수프나 찌개요리에 활용한다.

돼지고기

냉동 보존

보존기간 2~3주일

돈가스, 스테이크용 고기 — 밑간을 하는 등 궁리해서 냉동

생으로

한 장씩 랩으로 싼다.
얼음물에 넣었다가 뺀 고기를 한 장씩 랩에 잘 싼 다음 냉동용 지퍼백에 넣어 냉동한다.

밑간을 해서

밑간을 해서
소금과 후추가루를 뿌린 다음 한 장씩 랩으로 잘 싼 다음 냉동용 지퍼백에 넣어 냉동한다.

밑간을 해서

튀김옷 입혀서 냉동
소금과 후추가루로 밑간을 한 다음 빵 가루 등을 입혀 랩에 싼다. 냉동용 지퍼백에 넣어 냉동한다.

>> **올바른 해동법** 냉동 고기를 해동하는 법은 기본적으로 같다.

밑간을 한 냉동고기는?

소금이나 오일 등으로 밑간을 해서 냉동한 고기는 전날 냉장실로 옮겨 자연 해동하는 것이 가장 좋다. 삶은 고기도 냉장실에서 자연 해동한다. 채소와 함께 익힐 때는 얼린 채 넣어도 괜찮다.

튀김옷 등을 입힌 냉동육은?

튀김옷을 입힌 냉동육은 얼린 채 튀기는 것이 맛있다. 이 경우 저온의 기름에 넣는다. 중불에서 천천히 튀기면 그 동안에 고기가 해동된다. 튀김옷이 약간 노릇노릇해진 다음에 뒤집는다. 양면이 먹음직스럽게 튀겨지면 완성이다.

칼럼 고기 모양에 따라 보존 기간이 다르다.

영양이 풍부한 고기는 산화하기 쉬우므로 가급적 공기에 접촉하지 않도록 해야 한다. 기계에 갈거나 저민 고기일수록 상하기 쉽다. 덩어리 고기나 두껍게 썬 고기는 비교적 보존하기 용이하다.

안심 포인트 고기를 절인 물은 버린다!

① 비계에는 비료에 함유되어 있는 농약이 잔류해 있는 경우가 있다. 가급적 비계를 떼내자.
② 고기를 절인 물에는 약제가 녹아 있을 수 있다. 고기를 절인 물은 버리고 새로 양념을 넣어 요리하자.

PART 3 | 육류·어패류의 보존법

닭고기 | 수분을 잘 닦아 냉장 또는 냉동을

영양성분	보존 기간
고단백 저지방으로 다이어트에 적합하다. 필수 아미노산인 메티오닌이 함유되어 있어 간 기능향상에 좋다.	냉동으로 2~3주일

| 냉장 O | 냉동 O | 상온 X | 절인다 O | 말린다 X |

〈고르는 법〉

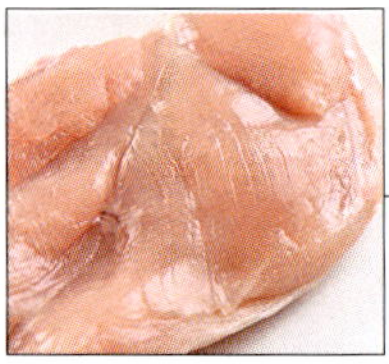

붉고 투명감이 있다.

껍질에는 모공이 올라와 있다.

육즙이 없다.

육즙이 없다.

닭가슴살

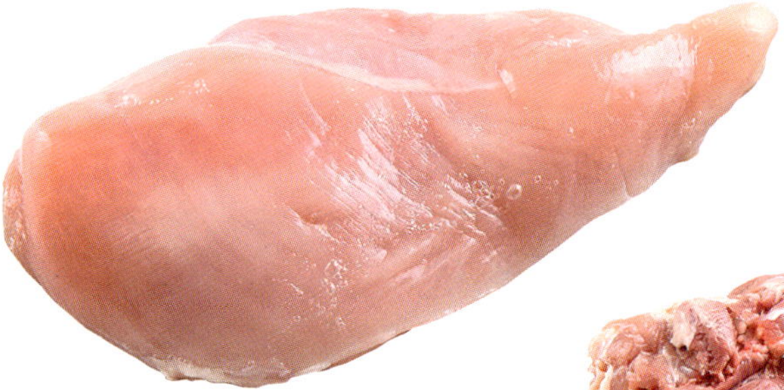

닭가슴속살

닭허벅지살

닭날개살

껍질에 탄력이 있다.

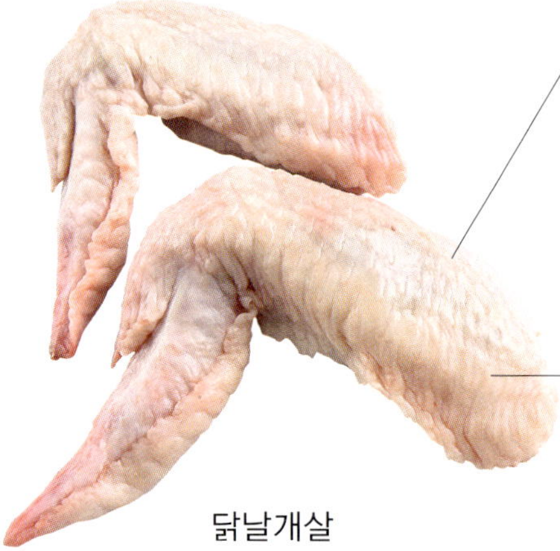

팽팽하고 윤기가 있다.

164

냉장 보존

보존기간
부분실에서 1~2주일
냉장실에서 1~2일

닭허벅지살

STEP 1
생으로

수분을 닦는다.
구입 직후 팩에서 꺼내 키친타월로 수분을 닦는다.

STEP 2

키친타월로 싼다.
한 장씩 키친타월에 싼다. 이렇게 하면 여분의 수분이 빠져 신선도를 유지할 수 있다.

STEP 3

랩으로 잘 싼다.
공기가 들어가지 않도록 랩으로 잘 싼다. 온도가 낮은 부분실이나 저온냉장실에 넣는다.

냉장 보존

보존기간
부분실에서 1~2주일
냉장실에서 1~2일

닭허벅지살 밑간을 하거나 삶아 맛있게 냉동.

밑간해서

밑간을 해서.
요구르트나 카레가루 등으로 밑간을 한다. 비닐봉지에 넣고 공기를 잘 빼서 보존한다.

삶아서

삶아서 냉장.
소금과 술을 뿌리고 향미 채소와 함께 삶아 식힌다. 삶은 물과 함께 지퍼백이나 밀폐용기에 넣는다.

memo

돼지고기나 쇠고기보다 상하기 쉽다.

닭고기는 다른 고기보다 수분이 많아 상하기 쉽다. 소금이나 술 등으로 밑간을 해서 보존성을 높이는 것이 좋다.

칼럼 젊게 건강을 유지시켜 주는 닭고기

저지방 저칼로리인 닭고기는 건강과 다이어트, 미용에 효과적이다. 날개 끝에는 콜라겐이 많이 함유되어 있는데, 찜으로 하면 국물로도 섭취할 수 있다. 또한 부위에 따라 영양소가 다르므로 알아두는 것이 좋다.

안심 포인트 삶을 때는 거품을 걷어낸다!

① 닭의 병이나 스트레스를 줄이기 위해 양계장에서는 사료에 항생물질 같은 첨가물을 넣을 수 있으므로 닭을 잘 골라야 한다.
② 삶을 때 나오는 거품에는 유해물질이 함유되어 있으므로 잘 걷어낸다.

| PART 3 | 육류·어패류의 보존법

냉장 보존

보존기간
부분실에서
1~2주일
냉장실에서
1~2일

닭가슴살   햄용으로 해두면 편리하다.

생으로

키친타월 & 랩으로
수분을 닦아 키친타월로 싼 다음 랩으로 싸서 부분실에 보존한다.

밑간해서

햄용으로 해서 보존
밑간을 해서 둥근 막대 모양으로 만든 다음 랩으로 싸서 보존한다. 먹을 때 익히기만 하면 된다.

memo

햄의 손질

같은 두께로 하고, 닭 가슴살에 설탕과 소금, 향신료, 허브를 뿌린다. 롤 모양으로 말아 랩으로 잘 싸서 양쪽을 묶는다.

냉장 보존

보존기간
부분실에서
1~2주일
냉장실에서
1~2일

닭가슴속살   사전에 손질해 두면 즉시 사용할 수 있다.

생으로

키친타월 & 랩으로
한 개씩 키친타월로 싼 다음 랩으로 싸서 부분실에 보존한다

밑간해서

힘줄을 떼내고 밑간한다.
힘줄을 제거한 다음 조미료로 밑간을 한다. 비닐봉지에 넣고 공기를 빼서 보존한다.

memo

힘줄을 떼어내는 이유는?

닭가슴살의 힘줄은 가열할 때 고기가 줄어드는 원인이 된다. 또한 입에 넣을 때 힘줄이 남기 때문에 제거해야 한다.

냉장 보존

보존기간
부분실에서
1~2주일
냉장실에서
3~4일

닭가슴속살

가열해서

전자 레인지에서 가열
소금과 술을 뿌린 다음 향미 채소와 함께 전자 레인지에서 2분간 가열한다. 식으면 랩으로 싸서 보존한다.

냉장 보존

보존기간
부분실에서
1~2주일
냉장실에서
1~2일

닭날개살

생으로

수분을 닦아 랩으로 싼다.
수분을 닦아 한 개씩 키친타월로 싼 다음 랩으로 싸서 부분실에 보존한다.

냉동 보존

보존기간 2~3 주일

닭허벅지살 금속 쟁반에 담아 급속 냉동하는 것이 좋다.

STEP 1

얼음물에 넣는다.
얼음물이나 소금물에 넣었다 뺀다. 물기는 닦지 않고 냉동한다.

≫

STEP 2

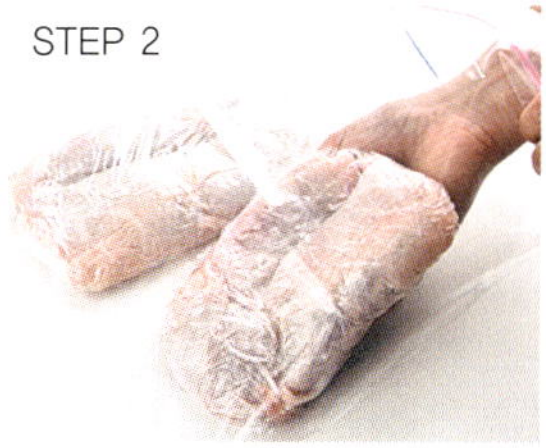

랩으로 싼다.
한 장씩 공기가 들어가지 않도록 랩으로 잘 싼 다음 냉동용 지퍼백에 넣어 냉동한다.

밑간을 한다.
수분을 닦고, 좋아하는 조미료로 밑간을 한 다음, 랩으로 잘 싸서 급속 냉동한다.

냉동 보존

보존기간 2~3 주일

닭가슴살 얼음물에 넣었다가 냉동한다.

STEP 1

얼음물에 넣는다.
얼음물이나 소금물에 넣었다 뺀다. 물기는 닦지 않고 냉동한다.

≫

STEP 2

랩으로 싼다.
1개씩 공기가 들어가지 않도록 랩으로 잘 싼 다음 냉동용 지퍼백에 넣어 냉동한다.

memo

얼음물에 넣는다.

해동 후에 어떻게 먹을 것인지 결정하지 않았다면 얼음물에 넣었다가 냉동하는 방법이 권할 만하다.

냉동 보존

보존기간 2~3 주일

닭가슴속살

1개씩 랩으로 싼다.
얼음물이나 소금물에 넣었다 빼서 1개씩 랩으로 잘 싼 다음 냉동용 지퍼백에 넣어 급속 냉동한다.

냉동 보존

보존기간 2~3 주일

닭날개

밑간을 해서 냉동하면 간단하다.
좋아하는 조미료로 밑간을 해서 랩으로 싼 다음 냉동용 지퍼백에 넣어 급속 냉동한다.

PART 3 | 육류·어패류의 보존법

쇠고기

스테이크용 고기의 올바른 보존법을 마스터하자.

영양성분	보존 기간
단백질·지방·철이 풍부해 빈혈 예방에 효과적이다. 튼튼한 몸을 만드는 필수 아미노산도 풍부하다.	냉동으로 2~3주일

| 냉장 O | 냉동 O | 상온 X | 절인다 O | 말린다 X |

〈고르는 법〉

신선한 붉은 살과 흰 비계

윤기가 있고 촘촘하다.

스테이크용 고기

근내지방(마블링)이 균등하게 들어 있다.

깍둑썬 고기

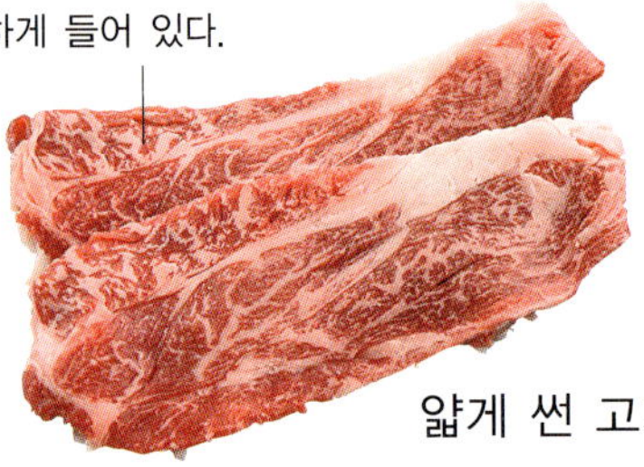

얇게 썬 고기

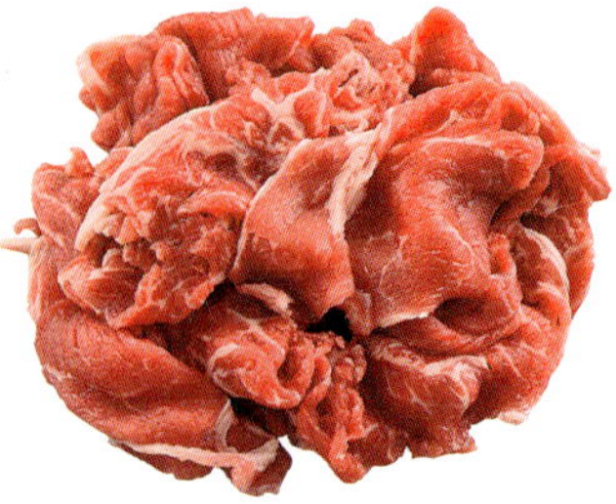

얇게 저민 고기

쇠고기

냉장 보존

보존기간
부분실에서
1~2주일
냉암소에서
2~3일

얇게 썬 쇠고기·얇게 저민 고기 키친타월과 랩으로 싸서 보존.

STEP 1 생으로
수분을 닦는다.
구입 직후 팩에서 꺼내 키친타월로 수분을 닦는다.

STEP 2
키친타월로 싼다.
얇게 자른 고기는 한 장씩 키친타월로 싼다. 얇게 저민 고기는 작은 포장으로 싼다.

STEP 3
랩으로 싼다.
공기가 들어가지 않도록 랩으로 잘 싸서 부분실에서 보존한다.

냉장 보존

보존기간
부분실에서
1~2주일
냉장실에서
2~3일

깍둑썰기, 스테이크용 고기 수분을 빼서 키친타월과 랩으로 싸서 보존

생으로
키친타월과 랩으로
수분을 닦아 키친타월로 싸고 공기가 빠지게 랩으로 잘 싼다.

밑간해서
밑간해서 냉장
좋아하는 조미료로 밑간을 한 다음 1개씩 랩에 싸서 냉장한다.

memo
요리하기 전에 상온에 둔다.

두꺼운 고기를 잘 굽는 요령은 요리하기 30분 전에 부분실에서 꺼내 상온에 두는 것이다.

칼럼 지방 연소를 촉진하는 카르니친에 주목

쇠고기의 붉은 살코기에 함유되어 있는 카르니친이라는 생리활성물질에는 체내의 여분의 지방을 연소시켜 에너지로 바꾸는 효과가 있다. 적량을 먹어 적당하게 운동하면 지방연소 효과도 높아져 건강한 몸을 만들 수 있다.

안심 포인트 뜨거운 물에 넣었다 뺀다!

① 수입 쇠고기는 근내지방(마블링)을 만들기 위해 고기에 여성 호르몬제를 사용했을 가능성이 있으므로 가급적 국산 쇠고기를 고르자.
② 수분을 닦고 뜨거운 물에 살짝 넣었다 빼면 약제가 녹아나오므로 안심할 수 있다.

PART 3 | 육류·어패류의 보존법

냉동 보존

보존기간 2~3주일

얇게 자른 쇠고기, 얇게 저민 쇠고기 고기를 냉동하는 기본은 같다.

STEP 1  » STEP 2  » STEP 3

수분을 닦는다.
팩에서 꺼내 키친타월로 수분을 닦는다.

얼음물에 넣는다.
얼음물이나 소금물에 넣었다 뺀다. 이렇게 하면 얼음막이 생긴다.

랩으로 싼다.
한 장씩 또는 소포장으로 해서 랩으로 잘 싼 다음 냉동용 지퍼백에 넣어 냉동한다.

냉동 보존

보존기간 2~3주일

얇게 자른 쇠고기, 얇게 저민 쇠고기 밑간·오일 절임해서 냉동

밑간을 해서 냉동
좋아하는 조미료로 밑간을 해서 냉동용 지퍼백에 넣는다. 공기를 빼서 밀폐냉동한다.

오일에 절여 냉동
얇게 썬 양파와 함께 냉동용 지퍼백에 넣은 다음 올리브 오일을 넣어 오일 절임을 한다.

memo
양파나 오일로 맛있는 냉동

양파는 고기를 부드럽게 하고 오일은 산화를 막아 수분이 나오는 것을 막아주므로 맛있게 보존할 수 있다.

냉동 보존

보존기간 2~3주일

스테이크용 고기 깍둑썰기 '래어(rare)'로 익혀 냉동

한 장씩 랩으로 싼다.
얼음물이나 소금물에 넣었다가 한 장씩 랩에 잘 싼 다음 냉동용 지퍼백에 넣어 냉동한다.

밑간을 해서 냉동.
좋아하는 조미료를 밑간을 해서 랩에 잘 싼 다음 냉동용 지퍼백에 넣어 냉동한다.

표면을 구워서 냉동.
깍둑썬 고기는 밑간을 해서 구운 다음, 식혀 냉동용 지퍼백에 넣어 냉동한다. 조림에 편리하다.

COLUMN
식품 보존의 과학 (1)

유통기한의 비밀

유통기한은 어디까지나 개봉하지 않은 상태가 전제로 설정되어 있다. 식품을 만든 제조회사나 제조원, 수입품이라면 수입업자가 미생물시험이나 이화학시험, 관능시험 등과 같은 검사를 통해 품질을 보증하는 기간이 유통기한이다. 맛있게 먹을 수 있는 기간을 정하는 것이므로 보통 보관할 수 있는 기간보다 2/3 정도 짧게 일자를 설정한다. 또한 기한표시에는 '상미기한'과 '소비기한'의 2종류가 있다. 상미기한은 비교적 상하기 쉬운 식품류에 표시되고, '소비기한'은 채소나 고기, 생선 등 신선식품이나 가공식품, 채소 등 상하기 쉬운 식재료에 표시된다. 설탕이나 소금, 조미료 등은 품질이 그리 쉽게 변하지 않는다는 이유로 표시가 생략되는 경우가 있다. '상미기한'이란 맛있게 먹을 수 있는 기간을 나타내는 것이므로 상미기한이 지났다고 해서 절대로 먹어서는 안 되는 것은 아니다.

PART 3 | 육류·어패류의 보존법

간 | 손질이나 밑간을 해서 냉동 보존

영양성분	보존 기간
철분, 엽산, 비타민 A, 비타민 B군, 동 등이 풍부해 빈혈예방이나 피부·점막의 강화에 효과적이다.	손질해 냉동한 것이라면 **2~3주일**

| 냉장 ○ | 냉동 ○ | 상온 ✕ | 절인다 ○ (삶아서) | 말린다 ✕ |

〈고르는 법〉

붉고 윤기가 있고, 팽팽하다.

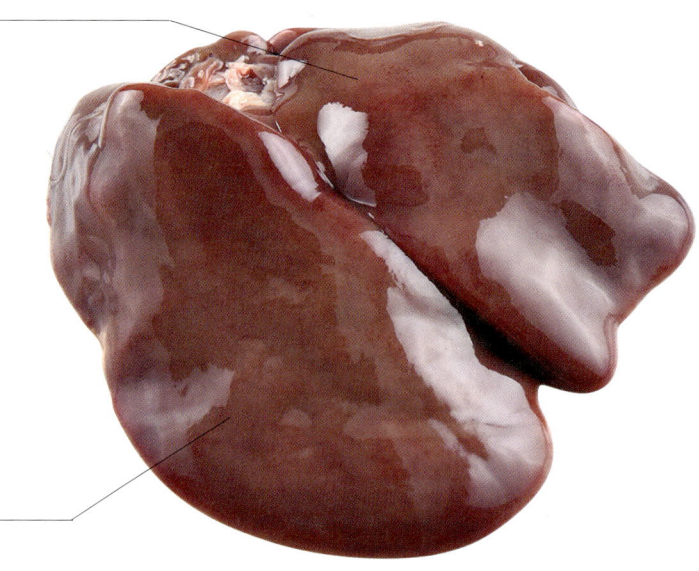

탄력이 있다.

칼럼 좋아하는 간은 어떤 간?

돼지간, 쇠간, 닭간 모두 비타민 A가 풍부하다. 돼지간은 철분이 많고, 닭간은 비타민 A가 다른 고기보다 많고 저칼로리이며, 쇠간은 비타민 B12, 비타민 C를 함유하고 있어 빈혈 예방에 좋다. 과잉증을 일으키므로 지나치게 먹지 않도록 주의한다.

안심 포인트 소금물로 문질러 씻는다.

① 엷은 소금물에 30분 정도 담가 두었다가 잘 문질러 씻어 피를 빼면 잔류 농약을 제거할 수 있다.
② 30초 정도 뜨거운 물에 데치거나, 냄새를 빼기 위해 향이 있는 채소나 향신료를 넣어 데친다.

간

냉장 보존

보존에 적합지 않으므로 빨리 먹는다.

STEP 1 피를 뺀다.
엷은 소금물에 잘 씻어 30분 정도 물에 담가 피를 뺀다. 도중에 한두 번 물을 갈아준다.

STEP 2 물기를 닦는다.
물기를 잘 닦아 키친타월로 싼다. 염통도 이와 같이 한다.

STEP 3 키친타월 & 랩으로 싼다.
공기가 들어가지 않도록 랩으로 잘 싸서 부분실에 보존한다.

보존기간
부분실에서 1~2주일
냉장실에서 1~2일

냉동 보존

밑간을 하거나 손질해 가열하면 냉동 가능.

STEP 1 우유와 허브로
피를 잘 빼고 나서 우유에 월계수 같은 허브를 넣고 20분 정도 담가 둔다.

STEP 2 지퍼백에 넣는다.
꺼낸 그대로(닦지 않고) 냉동용 지퍼백에 넣어 냉동한다. 밑간을 해도 좋다.

가열해서 볶아서 냉동
손질을 해 볶아서 식힌 후 냉동용 지퍼백에 넣는다. 간과 부추로 요리를 해서 냉동해도 좋다.

보존기간
2~3주일

절인다

오일에 절여 냄새를 없앤다.

오일 절임
데쳐서 식힌 후 올리브 오일, 마늘, 통고추, 소금과 함께 병에 넣어 2~3일 둔다.

보존기간
냉장실에서 1주일

요리한다

품들여서 보존식을 만든다.

밑간을 해서
리버 페이스트를 만든다.
닭간이나 돼지, 쇠간으로 리버 페이스트(간을 쪄서 갈아 조미한 것)를 만든다. 밀폐용기에 넣어 냉장 보존한다.

보존기간
냉장실에서 1주일

PART 3 | 육류·어패류의 보존법

갈거나 저민 고기 | 포인트는 공기에 접촉하지 않도록 하는 것.

영양성분	보존 기간
단백질, 지방, 비타민 A, 비타민 B군이 풍부해 영양가가 높다. 고기의 종류에 따라 효능이 다르다.	밑간을 해서 요리한 것이라면 냉동으로 **2~3주일**

| 냉장 O | 냉동 O | 상온 X | 절인다 O | 말린다 X |

〈고르는 법〉

선명한 붉은 색으로 윤기가 있다.

예쁜 핑크색으로 윤기가 있다.

엷은 핑크색으로 윤기가 있다.

칼럼 용도에 맞게 고기를 선택한다.

돼지고기와 쇠고기, 닭고기는 종류나 부위에 따라 효능이 다르다. 돼지고기는 비타민 B_1의 함유량이 단연 최고다. 닭고기는 필수 아미노산이 돼지고기나 쇠고기보다 많으며, 쇠고기는 철분이 많다. 영양소도 부위에 따라 다르다.

안심 포인트 직접 갈아보자!

① 시판하는 갈아놓은 고기는 지방 등을 첨가하는 경우가 있으므로 고기를 자신이 직접 가는 것이 가장 안심할 수 있다.
② 육즙이 나와 있는 것은 신선도가 떨어진 것이므로 육즙이 나와 있지 않은 것을 고른다.

갈거나 저민고기

냉장 보존

보존기간
부분실에서 1~2주일
냉장실에서 1~2일

키친타월과 랩으로 밀폐냉장.

STEP 1
수분을 닦는다.
구입후 팩에서 꺼내 키친타월로 수분을 닦는다.

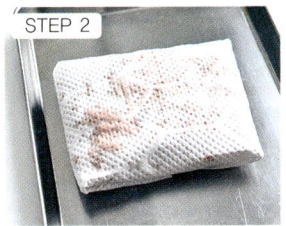

STEP 2
키친타월로 싼다.
여분의 수분 제거로 산화를 막기 위해 키친타월로 싼다.

STEP 3
랩으로 잘 싼다.
공기가 들어가지 않도록 랩으로 잘 싼다. 온도가 낮은 부분 냉장실에 넣는다.

냉동 보존

보존기간
2~3주일

밑간을 하거나 볶아서.

밑간을 해서
밑간해서 갈아 작은 덩어리로
소금, 후추로 밑간을 해서 작은 덩어리로 나눠 랩으로 잘 싼 다음 냉동용 지퍼백에 넣는다.

STEP 1
가열해서
가열한다.
술과 소금, 생강 등으로 맛을 내서 볶는다. 설탕과 간장, 된장을 넣어 맛을 내는 것도 좋다.

STEP 2
랩으로 싼다.
식으면 작은 포장으로 해서 랩으로 싼 다음 냉동용 지퍼백에 넣어 냉동한다.

---

memo

갈아놓은 고기는 상하기 제일 쉬운 고기

공기에 접촉하는 면적이 많아 갈아놓은 고기는 상하기 쉽고 맛도 즉시 떨어진다. 덩어리 고기나 두껍게 자른 고기에 비해 산화도 잘되므로 냉동할 때는 가급적 밑간을 하거나 가열해 보관하는 것이 좋다. 볶아서 보관하거나 햄버그 스테이크 등처럼 모양을 만들어 냉동하는 것도 편리하다. 냉동할 때는 금속 쟁반 위에 올려 급속 냉동하는 것이 좋다.

PART 3 | 육류·어패류의 보존법

육류 가공품 | 식초나 술로 표면을 닦으면 오래간다.

영양성분	보존 기간
근육을 만드는 단백질이나 비타민 B군, 지방이 풍부해 간단히 영양 보급을 할 수 있다.	냉장실에서 2주일~1개월 반

| 냉장 O | 냉동 O | 상온 X | 절인다 X | 말린다 X |

〈고르는 법〉

지방이 적고 결이 곱다.

육즙이 나와 있지 않다.

햄

베이컨

붉은 살코기와 지방층이 깨끗하게 겹쳐 있는 것이 상품이다.

소시지

변색되지 않은 것. 표면을 보고 첨가물이 적은 것을 고른다.

육류가공품

냉장 보존

보존기간
개봉 후 냉장실에서 2~3일

햄 개봉했으면 밀폐용기에 넣어 냉장실에 보존.

STEP 1  생으로

STEP 2

식초로 닦는다.
식초 또는 청주를 적신 키친타월로 표면을 닦는다. 살균효과로 미끈거림을 방지할 수 있다.

랩으로 잘 싼다.
공기가 들어가지 않도록 랩으로 잘 싼 다음 비닐봉지에 넣는다.

 memo

산화방지 요령은 밀폐보존

개봉했다면 밀폐해서 냉장실에 넣어 보존한다. 베이컨이나 소시지도 같은 방법으로 보존한다.

냉장 보존

보존기간
냉장실에서 2~3일
가열처리 후 냉장실에서 1주일

베이컨 지방이 많고 산화하기 쉬우므로 주의.

 생으로

STEP 1  구워서

STEP 2

덩어리째 랩으로 싼다.
햄과 마찬가지로 식초로 표면을 닦아 랩으로 싼 다음 지퍼백에 넣는다. 슬라이스도 마찬가지.

바삭바삭하게 굽는다.
덩어리 베이컨이라면 1cm 두께로 잘라 바삭바삭할 때까지 굽는다.

랩으로 잘 싼다.
식으면 공기가 들어가지 않도록 랩으로 잘 싼 다음 비닐봉지에 넣는다.

냉장 보존

보존기간
기간 개봉 후 냉장실에서 2~3일

소시지 개봉 후에는 잡균의 번식을 막아야.

STEP 1  생으로

STEP 2

식초로 닦는다.
식초 또는 청주를 적신 키친타월로 표면을 닦는다. 살균효과로 미끈거림을 방지할 수 있다.

랩으로 잘 싼다.
공기가 들어가지 않도록 랩으로 잘 싸서 비닐봉지에 넣는다.

 memo

미끈미끈한 것의 정체는 잡균!

햄과 마찬가지로 표면에 생기는 미끈미끈한 것은 잡균의 번식에 의한 것이다. 개봉한 후에는 살균효과가 있는 식초나 술로 표면을 닦아준다.

PART 3 | 육류·어패류의 보존법

냉동 보존

소시지

보존기간 **1개월**

지퍼백에 넣어 밀폐
햄과 마찬가지로 표면을 닦아 1개씩 랩으로 잘 싸고 냉동용 지퍼백에 넣어 밀폐해서 냉동한다.

냉동 보존

햄

보존기간 **1개월**

랩으로 싸서 급속 냉동
식초 또는 청주를 적신 키친타월로 표면을 닦아 1개씩 랩으로 잘 싼다.

냉동 보존

베이컨 베이컨은 랩이나 알루미늄 포일로 싸서 냉동 보존

보존기간 **1개월**

STEP 1

슬라이스 베이컨은 랩에 끼우면서 겹쳐놓는다. 블록 베이컨은 랩으로 싼다.

STEP 2

포일로 싼다.
다시 알루미늄 포일로 싸서 산화와 건조를 막는다.

> **올바른 해동법**
>
> **냉장실에서 자연 해동**
>
> 해동은 가능하면 전날 냉장실로 옮겨 시간을 들여 해동하는 것이 좋다.

칼럼 조반이나 도시락에!

아이에서 어른까지 간편하게 영양을 보급할 수 있는 육류가공식품. 가공법이나 첨가물의 유무에 따라 보존 기간도 달라지지만 개봉 후에는 상하기 쉽고 풍미도 떨어지므로 밀폐보존하는 것이 좋다.

안심 포인트 살짝 데친다.

① 발색제가 사용된 것이 있으므로 구입할 때 원재료명에 기재된 첨가물을 확인하자.
② 뜨거운 물에 살짝 넣거나 식초나 술로 표면을 닦으면 첨가물이 감소되므로 안심할 수 있다.

> **COLUMN**
> **식품 보존의 과학**
> **(2)**

왜 식중독에 걸리지?

최근에는 온난화 영향도 있어 여름철뿐 아니라 일 년 내내 식중독 위험성이 높다. 그 식중독의 원인이 되는 것은 원래 자연계에 존재하는 곰팡이나 세균 등의 미생물이다. 미생물이 부착된 식재료를 섭취하면 체내에서 미생물이 증식해 식중독을 일으킨다. 식재료에 부착되어 있는 미생물의 증식을 방지하기 위해서는 어떻게 하면 될까?

 식재료를 가능한 한 공기에 접촉되지 않도록 하고 깨끗하고 시원한 환경에서 보존해야 한다. 냉장고는 저온으로 미생물의 활동을 억제하고 부패를 늦추는 데 안성맞춤이다. 다만, 너무 꽉 차 있으면 냉기가 닿지 않는다. 또한 식중독을 예방하기 위한 3대 원칙을 알아두는 것도 중요하다. '청결을 유지한다.', '재빨리 냉각한 다음 건조시켜 세균의 증식을 막는다.', '가열 살균한다.' 이 세 가지가 식중독 예방의 포인트이다.

PART 3 | 육류·어패류의 보존법

생선 | 구입 직후 손질을 해서 보존한다.

제철	영양성분	보존 기간
봄~여름 (3~7월)	단백질과 지방의 균형이 좋아 건강유지에 효과적이다. 불포화지방산인 DHA, EPA가 풍부하다.	부분실에서 1~2주일
1 2 3 4 5 6 7 8 9 10 11 12		

| 냉장 O | 냉동 O | 상온 X | 절인다 O | 말린다 O |

<고르는 법>

눈이 맑다.

껍질이 은색으로 빛난다.

전갱이(아지)
냉장, 냉동 이외에 말려서 보존한다.

아가미가 선명한 붉은색이며 깨끗하다.

배 부분을 누르면 탄력이 있다.

비늘이 단단하고 싱싱하다.

생선

제철	영양성분	보존 기간
여름 (6~8월)	불포화지방산인 DHA, EPA가 많아 뇌신경의 역할을 돕는다.	부분실에서 1~2주일

1 2 3 4 5 6 7 8 9 10 11 12

| 냉장 O | 냉동 O | 상온 X | 절인다 O | 말린다 O |

〈고르는 법〉

눈이 투명하다.

검은 반점이 뚜렷하다.

정어리
조림이나 식초 절임으로 보존한다.

비늘이 은색이며 떨어진 것이 없다.

아가미가 선명한 붉은색이며 깨끗하다.

배의 내장 부분을 누르면 탄력이 있다.

칼럼 DHA와 EPA의 효능은?

DHA와 EPA는 중성지방과 콜레스테롤 수치를 낮춰주고 혈액을 맑게 해줘, 동맥경화나 치매 예방에 효과가 있다.
또한 성장기 어린이에게 꼭 필요한 영양소가 많이 함유되어 있다.

안심 포인트 잘 닦는다.

① 대가리, 내장, 비늘, 아가미에는 약제와 유기수은이 잔류해 있을 가능성이 있으므로 제거한다.
② 기생충은 가열하면 죽는다. 영하 20℃에서 하루 동안 놔두어도 사멸하므로 냉동 보존할 것을 권한다.

PART 3 | 육류·어패류의 보존법

냉장 보존

보존기간
부분실에서
1~2주일
냉장실에서
2~3일

대가리와 내장을 떼내고 물기를 닦아 냉장한다.

STEP 1 생으로
대가리와 내장을 떼내고 씻는다.
대가리와 내장, 비늘을 떼내고 물로 잘 씻는다. 사온 즉시 손질하는 것이 좋다.

STEP 2
물기를 잘 닦는다.
물기를 잘 닦는다. 배 안쪽도 잊지 말고 닦을 것.

STEP 3
랩과 지퍼백으로
한 마리씩 랩으로 잘 싼 다음 냉동용 지퍼백에 넣어 부분실에 보존한다.

냉동 보존

보존기간
2~3
주일

냉동할 때는 토막 내거나 조리해서.

생으로
토막 내어 냉동
토막 내어서 얼음물에 넣었다가 꺼내 랩으로 한 장씩 싼 다음 냉동용 지퍼백에 넣는다.

구워서
구워 냉동한다.
구운 다음 가시를 빼내고 살을 바른다. 작은 포장으로 해서 랩으로 싼 다음 냉동용 지퍼백에 넣는다.

조리해서
조림을 만들어 국물도 함께.
조림은 국물과 함께 냉동용 보존기나 지퍼백에 넣어 냉동한다. 해동할 때도 조린 국물도 함께 넣는다.

>> **올바른 해동법**   자연 해동 또는 얼린 채 조리한다.

해동 시의 온도에 주의한다.

급격한 온도변화는 육즙이 나오기 쉽고 풍미를 떨어뜨릴 수 있으므로 냉장실에 옮겼다가 자연 해동하는 것이 최고. 급할 때는 흐르는 물에 담가 두어도 맛있게 해동할 수 있지만 계절에 따라서는 적합하지 않을 수 있다. 여름철 수돗물은 의외로 수온이 높으므로 주의할 필요가 있다.

얼린 채로 조리한다.

잘라 손질한 것이나 말린 것 등 두께가 없는 것은 얼린 채 그릴에서 굽거나 프라이팬에서 조리해도 좋다. 정어리 등은 생선살이 부서지기 쉬우므로 살살 두드린 후 술과 소금, 생강즙으로 맛을 내고 경단 모양으로 만들어 냉동하면 좋다.

생선

절인다

식초로 보존성을 높인다.

보존기간

냉장실에서 3일

식초 절임
생선살에 식초를 뿌려 5분 두었다가 하얗게 되면 뼈와 껍질을 제거해 완성한다.

말린다

말려서 보존한다.

보존기간

냉장실에서 4일
냉동실에서 1개월

소쿠리에 담아 말린다.
생선은 손질을 해서 배를 갈라 잘 씻은 다음 소금물에 담가 둔다. 물기를 잘 닦아 소쿠리에 담아 말린다.

칼럼 해조류의 보존

다시마(건조)

상온 보존

보존 기간(개봉 후)
냉암소에서 10개월

잘라서 보존
사용하기 쉬운 크기로 잘라 밀폐용기에 넣어 상온 보존한다.

memo 건조제와 함께

습기가 차면 풍미가 떨어지므로 건조제와 함께 보존한다. 여름철에는 지퍼백에 넣어 밀폐해서 냉장하거나 냉동한다.

냉장 보존

보존 기간(개봉 후)
냉장실에서 10일

지퍼백에 넣어
개봉 후는 지퍼백에 넣어 밀폐해서 냉장한다. 냉동할 수도 있다.

memo 냉동도 오케이

염장 미역은 그대로 냉동해도 괜찮다. 건조 미역은 기본적으로 상온 보존이지만 여름철에는 냉장 보존한다.

미역(염장)

PART 3 | 육류·어패류의 보존법

토막낸 생선 | 물기와 더러움을 잘 닦아 보존한다.

제철	영양성분	보존 기간
여름 가을 (5~7월) (9~11월) 1 2 3 4 5 6 7 8 9 10 11 12	지방질이 적고 단백질이 풍부하다. 감칠맛 성분인 아미노산은 대사를 촉진시키는 등 건강 유지에 효과적이다.	부분실에서 1~2주일

냉장 ○   냉동 ○   상온 ✕   절인다 ○   말린다 ✕

연어
염장 연어든 생 연어든 보존 방법은 같다.

〈고르는 법〉
- 색이 선명하며 광택이 있다.
- 탄력이 있고 자른 면이 매끄럽다.
- 껍질은 광택이 있으며 흰색과 은색이 뚜렷하다.

칼럼 요리하기 간편하다.

손질이 필요 없는 자른 생선은 그대로 사용할 수 있어 좋다. 한입 크기로 잘라 요리하면 빨리 익기 때문에 부서지지 않는다. 접시에 담을 때는 껍질 부분을 바깥쪽으로, 살이 두꺼운 쪽을 왼쪽으로 한다.

안심 포인트 살짝 데친다.

① 오염물질이나 비린내를 제거하기 위해 뜨거운 물을 뿌리거나 뜨거운 물에 넣었다가 뺀다.
② 된장이나 지게미(술찌끼)에 절이면 약제가 용해된다. 구울 때는 표면에 붙어 있는 된장이나 지게미를 떨어낸다.

토막낸 생선

제철	영양성분	보존 기간		
봄 (4~5월) 1 2 3 4 5 6 7 8 9 10 11 12	흰살생선 중에서도 불포화 지방산인 DHA, EPA가 풍부해 혈액을 맑게 한다.	부분실에서 1~2주일	냉장 ○ 상온 × 말린다 ×	냉동 ○ 절인다 ○

도미
물기를 잘 닦아 보존한다.

〈고르는 법〉

껍질에는 광택이 있고 탱탱하다.

단면이 깔끔하다.

살은 투명감이 있고 선명하다.

제철	영양성분	보존 기간		
겨울 (12~1월) 1 2 3 4 5 6 7 8 9 10 11 12	감기예방이나 점막을 강하게 하는 비타민 A와 D가 많고 피로회복에 효과가 있다.	부분실에서 1~2주일	냉장 ○ 상온 × 말린다 ×	냉동 ○ 절인다 ○

대구
밑간을 해서 냉동하는 것이 편리하다.

〈고르는 법〉

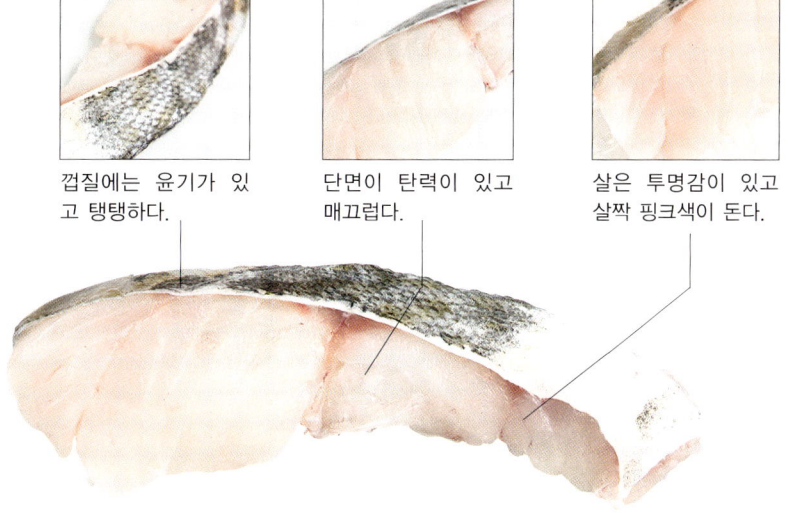

껍질에는 윤기가 있고 탱탱하다.

단면이 탄력이 있고 매끄럽다.

살은 투명감이 있고 살짝 핑크색이 돈다.

PART 3 | 육류·어패류의 보존법

제철	영양성분	보존 기간	냉장 ○ 냉동 ○
가을~겨울 (10~12월) 1 2 3 4 5 6 7 8 9 10 11 12	불포화지방산인 DHA, EPA가 풍부하며 뇌신경의 역할을 돕는다.	부분실에서 1~2주일	상온 × 절인다 ○ 말린다 ×

방어

씻으면 맛이 떨어지므로 그대로 조리한다.

〈고르는 법〉

생선살의 검붉은 부분의 색이 선명하다.

NG!
살이 갈라져 있는 것은 좋지 않다.

생선살에 투명감이 있고 핑크색이다.

제철	영양성분	보존 기간	냉장 ○ 냉동 ○
여름~가을 (7~9월) 1 2 3 4 5 6 7 8 9 10 11 12	DHA, EPA가 풍부하고 양질의 단백질과 칼륨이 함유되어 고혈압 예방에 효과.	부분실에서 1~2주일	상온 × 절인다 ○ 말린다 ×

참치

생선살이 쪼개지지 않도록 조심스럽게 다루어야 한다.

〈고르는 법〉

탄력이 있고 절단면이 매끈하다.

살은 투명감이 있고 살짝 핑크색이 돈다.

토막낸 생선

냉장 보존

보존기간
부분실에서 1~2주일
냉장실에서 2~3일

물에 씻어서는 안 된다! 키친타월로 물기를 닦을 것.

STEP 1

STEP 2

STEP 3

물기를 닦는다.
생선 토막의 더러움은 물로 씻지 않고 키친타월로 닦는다. 물기를 잘 닦을 것.

랩으로 잘 싼다.
물기를 잘 닦았으면 한 장씩 랩으로 싼다.

비닐봉지에 넣는다.
비닐봉지에 넣어 밀폐해서 저온 냉장실이나 부분실에 보존한다.

냉동 보존

보존기간
2~3주일

포장용기에서 꺼내자마자 냉동한다.

STEP 1

STEP 2

memo

얼음물에 넣었다 뺀다.
그릇에 얼음물이나 소금물을 담고 생선 토막을 넣었다가 뺀다. 물기는 닦지 않는다.

랩 & 지퍼백
공기를 빼서 랩에 잘 싼 다음 냉동용 지퍼백에 넣어 급속 냉동한다.

포장용기째 냉장하거나 냉동하는 것은 NG!

사온 포장용기째 보관하는 것은 NG!. 수분이나 피, 더러움이 남아 있어 미생물이 번식하기 쉽다.

절인다

보존기간
냉장실에서 1주일
냉동실에서 2~3주일

밑간을 하면 보존성이 높아진다.

오일 절임.
올리브 오일, 소금, 후추, 마늘, 허브, 레몬즙 등을 섞어 생선을 절인다.

된장절임.
된장, 술, 미림을 섞어 생선을 절인다. 수분이 나오기 때문에 장기 보존할 것이라면 냉동한다.

간장 절임.
간장과 술, 미림, 생강(얇게 썬 것 또는 간 것)을 섞어 생선을 절인다.

PART 3 | 육류·어패류의 보존법

제철	영양성분	보존 기간
어패류의 종류에 따라 다르다.	생선에 따라 영양성분이 다소 다르지만 양질의 단백질이 함유되어 있어 건강유지를 돕는다.	구입 당일 중

| 냉장 O | 냉동 O | 상온 X | 절인다 O | 말린다 X |

생선회
당일 중에 먹는 것이 기본이다.

〈고르는 법〉
참치

색이 선명하고 가로 무늬가 균등하다.

탄력이 있고 육즙이 나와 있지 않다.

흰살 생선

윤기가 있고 살에 투명감이 있다.

칼럼 살균작용이 있는 채소

참치, 고등어, 방어 등으로 불포화 지방산인 DHA와 EPA를 효율적으로 섭취할 수 있다. 고칼로리 생선도 있으므로 다이어트 중인 사람은 흰살 생선을 먹는 것이 좋다. 소화를 돕는 무와, 살균작용이 있는 고추냉이(와사비)와 함께 먹는 것이 좋다.

안심 포인트 신선한 것을 고른다.

① 생선회는 신선한 회를 구입해 당일 중에 먹는 것이 좋다.
② 해동된 회를 구입할 경우에는 회에서 즙이 나와 있지 않는지 확인할 필요가 있다. 포장용기 밑면에 즙이 보이는 것은 좋지 않다.

생선회

냉장 보존

보존기간: 당일 중

회는 기본적으로 그 날에 다 먹는다.

랩에 싸서 보존은 NG.
회는 반드시 사온 당일 다 먹을 것. 먹다 남은 것을 랩에 싸서 보존하지 않도록 하자.

남은 것은 간장절임.
회가 남았다면 간장이나 미림 등의 조미액에 절여 다음 날 바로 구워 먹는다.

memo

다음 날 먹는 것은

자른 회는 토막낸 생선에 비해 공기에 접촉하는 면이 많다. 균이 붙어 상하기 쉬우므로 한꺼번에 다 먹는 것이 좋다.

냉동 보존

보존기간: 2~3 주일

처음부터 냉동되어 있는 횟감용 토막을.

날것을 냉동하는 것은 NG.
날것은 유통과정에서 시간이 경과된 것이므로 처음부터 냉동되어 있는 것을 구입한다.

memo

잘 드는 칼을 준비

회를 자를 때는 회의 조직을 파괴하지 않기 위해 가능하면 날이 긴 칼을 사용하는 것이 좋다.

>> 올바른 해동법

냉장실에서 자연 해동

전날 냉장실에 옮겨 하룻밤 두고 해동한다. 급할 때는 흐르는 물에 해동해도 맛있게 해동할 수 있다.

절인다

보존기간
냉장실에서
2~3일
(다시마절임)
1~2일
(조미료)

절임을 하면 보존성이 높아진다.

조미료를 넣는다.
간장, 술, 미림을 섞어 생선회를 절인다. 생선회가 남았다면 절이는 것이 가장 좋다.

다시마 절임을 만든다.
생선회와 다시마로 다시마절임을 만든다. 랩으로 싸서 냉장실에 넣으면 2~3일 보존 가능하다.

memo

다시마로 산화방지와 감칠맛을 높인다.

생선회를 다시마로 싸서 밀폐하면 여분의 수분을 흡수해 산화를 방지한다. 또한 다시마의 감칠맛이 생선에 옮겨 맛있어진다.

PART 3 | 육류·어패류의 보존법

제철	영양성분	보존 기간
여름 (7~9월) 1 2 3 4 5 6 7 8 9 10 11 12	아미노산 함유량이 높고 단백질의 균형이 잘 잡혀 있다. 소화율이 높고 저지방이므로 건강에 좋다.	부분실에서 2~3일

| 냉장 O | 냉동 O | 상온 X | 절인다 O | 말린다 O |

〈고르는 법〉

오징어

사용하기 좋은 크기로 잘라 냉장 또는 냉동한다.

투명감과 광택, 탄력이 있다.

눈은 맑고 검으며 둥글다.

몸통 표면이 짙은 갈색이다.

칼럼 젓갈을 부드럽게 하려면 먹물을 넣는다.

버리기 쉬운 먹물의 속에는 단백질 분해효소인 프로티아제가 풍부하게 함유되어 있다. 젓갈을 담글 때 먹물을 넣으면 부드럽고 감칠맛 나는 완성품이 된다.

안심 포인트 냉동한다.

① 내장을 빼내고 옅은 소금물로 잘 씻는다. 내장은 오염물질이 쌓이기 쉬우므로 먹지 않는 것이 좋다.
② 오징어의 기생충은 하루 냉동하는 것으로 거의 사멸된다. 생 오징어를 보존할 때는 냉동하기를 권한다.

오징어

냉장 보존

내장을 빼고 물에 씻은 다음 랩으로 싸서 보존.

보존기간
부분실에서 2~3일
냉장실에서 1~2일

STEP 1 생으로

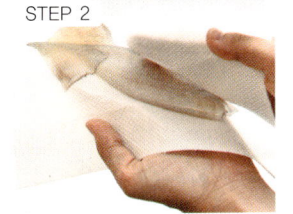
STEP 2

STEP 3

내장을 빼낸다.
오징어를 보존할 때는 내장과 연골을 빼내고 칼로 다리의 빨판을 떼어낸다.

물기를 닦는다.
흐르는 물에서 안쪽에 내장이 남아 있지 않도록 잘 씻어 물기를 닦는다.

랩으로 싼다.
랩으로 잘 싸서 비닐봉지에 넣는다. 생선회로 먹을 거라면 당일 중에 먹는 것이 기본이다.

냉동 보존

머리와 몸통, 다리로 나누어 냉동하면 편리하다.

보존기간
2~3주일

생으로

데쳐서

튀김옷을 입힌다

랩으로 싼다.
손질을 해서 머리와 몸통, 다리로 나눠 얼음물에 넣었다가 랩으로 싸서 냉동용 지퍼백에 보존한다.

데쳐서 냉동.
살짝 데쳐 식으면 소포장으로 해서 랩에 싼 다음 냉동용 지퍼백에 넣어 냉동한다.

튀김 옷을 입혀 냉동한다.
몸통을 둥글게 잘라 밀가루, 달걀, 빵가루 순으로 튀김 옷을 입혀 냉동용 지퍼백에 넣어 보존한다.

절인다

조미료에 절여 보존

보존기간
냉장실에서 2~3일
냉동실에서 1개월

간장에 절인다.
간장에 술, 미림을 넣고 오징어를 절인다. 생강을 갈아 넣어도 좋다.

말린다

그늘에서 말린다.

보존기간
냉장실에서 2~3일
냉동실에서 1개월

물기를 닦는다.
손질을 해서 물기를 닦은 다음 소쿠리에 펼쳐 놓든가 그물망에 넣어 하루 정도 그늘에서 말린다.

191

PART 3 | 육류·어패류의 보존법

제철	영양성분	보존 기간
가을~봄 (10~5월) 1 2 3 4 5 6 7 8 9 10 11 12	고단백, 저지방, 비타민 E가 풍부하다. 타우린이 함유되어 있어, 피로회복과 노화 방지에도 효과적이다.	부분실에서 2~3일

냉장 O   냉동 O   상온 ✕   절인다 O   말린다 O

새우
머리와 등껍질 내장을 떼내고 냉장 또는 냉동한다.

머리가 붙어 있는 새우
상하기 쉬운 머리를 제거한다.

〈고르는 법〉

머리와 꼬리가 거무스름하지 않다.

머리가 붙어 있지 않는 새우
머리 내장을 떼어내고 냉동한다.

껍질이 투명하다.

껍질을 벗긴 새우
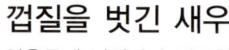
얼음물에 넣었다가 냉동한다.

투명감이 있고 형태가 확실하다.

새우

냉장 보존

머리는 상하기 쉬우므로 떼낸다.

보존기간
부분실에서 2~3일
냉장실에서 1~2일

STEP 1

수분을 제거한다.
포장용기에서 꺼내 키친타월로 수분을 닦는다.

STEP 2

머리를 떼낸다.
머리가 붙어 있는 새우는 상하기 쉬우므로 머리를 떼낸다. 그대로 잡아당겨 등에 있는 내장을 제거한다.

STEP 3

비닐봉지에 넣는다.
손질을 했으면 비닐봉지에 넣어 밀폐한 다음 부분실에 넣는다.

냉동 보존

등에 있는 내장을 떼어내고 튀김옷을 입혀 냉동해 두면 편리하다.

보존기간
2~3 주일

STEP 1
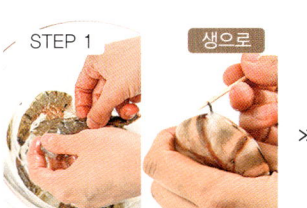
씻어 등에 있는 내장을 떼어낸다.
소금물로 씻어 더러움을 제거하고 냉동하기 전에 등 내장을 제거해 둔다.

STEP 2

냉동용 지퍼백에 넣는다.
얼음물에 넣었다가 빼서 냉동용 지퍼백이나 밀폐용기에 넣어 냉동한다. 껍질을 깐 새우도 마찬가지로 해서 냉동한다.

튀김옷을 입힌다
튀김옷을 입혀 냉동한다.
밀가루, 달걀, 빵가루 순으로 튀김 옷을 입혀 냉동용 지퍼백에 넣어 냉동한다. 얼린 채 튀기면 된다.

칼럼 통째로 먹어야 노화가 방지된다.

껍질에 들어 있는 불용성 식이섬유인 키틴질은 면역력 강화작용이 있고, 붉은 색소 아스타크산틴은 강력한 항산화 작용이 있다. 새우는 된장국 등 맛있는 국물을 내는 데도 필요하므로 냉동 보존하면 좋다.

안심 포인트 등의 내장을 제거한다.

① 양식 새우는 약제가 사용되었을 가능성이 있으므로 소금물로 잘 씻는다.
② 머리와 등에 있는 내장을 제거할 것. 특히 등에 들어 있는 내장은 오염물질이 쌓이기 쉬우므로 확실히 제거됐는지 확인할 필요가 있다.

PART 3 | 육류·어패류의 보존법

제철	영양성분	보존 기간
봄~여름 (3~6월) 1 2 3 4 5 6 7 8 9 10 11 12	고단백, 저지방, 타우린 함유량이 어패류 중 최고. 피로회복과 생활습관병에 효과적이다.	구입 당일중

| 냉장 ○ | 냉동 ○ | 상온 ✕ | 절인다 ○ | 말린다 ✕ |

가리비

보존해 두고 싶다면 냉동 보존한다.

조가비가 붙어 있는 것
그 날 먹는 것이 기본

〈고르는 법〉

입이 살짝 벌려 있고 만지면 오므린다.

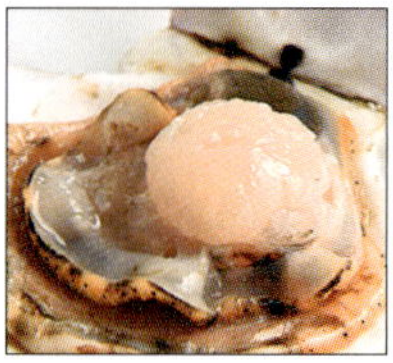

조개관자가 부풀 듯 서 있다.

조개관자
얼음물에 넣었다가 냉동하는 것이 편리하다.

살에 투명감과 윤기가 있는 것.

냉장 보존

보존기간: **당일 중**

기본적으로 당일 중에 다 먹는다.

랩으로 싸서 보존하는 것은 NG.
랩으로 싸서 보관하는 것은 NG. 그 날 중에 회로 먹거나 구워 먹는다.

남았으면 조미료에 절인다.
가리비가 남았으면 간장이나 미림 등의 조미료에 절여 다음 날 구워 먹는다.

memo

다음 날까지 가는 것은 NG.

생선회와 마찬가지로 다음 날까지 가지 않도록 한다. 조미료에 절여 가열해 먹거나 장기 보존하고 싶다면 냉동을 권한다.

냉동 보존

보존기간: **2~3 주일**

얼음물에 넣었다가 꺼내서 얼음막을 만드는 것이 포인트

STEP 1

》

STEP 2

얼음물에 넣었다가 꺼낸다.
얼음물이나 소금물에 넣었다 꺼낸다. 이렇게 하면 표면에 얼음막이 생겨 산화를 방지한다.

랩에 싼다.
하나씩 또는 사용하기 좋은 분량을 랩으로 싼 다음 냉동용 지퍼백에 넣어 냉동한다.

memo

재냉동에 요주의

팔고 있는 조개관자에는 '해동'이라 쓰여 있는 것도 있다. 재냉동하지 않도록 주의해야 한다.

칼럼	하루 한 개로 충분한 영양소	안심 포인트	중장선은 먹지 말 것

타우린이 풍부하게 들어 있어 하루에 한 개만 먹어도 충분할 정도다. 타우린은 수용성이므로 끓일 때는 국물까지 먹는 것이 좋다. 또한 노폐물의 배출을 촉진하는 아스파라긴산도 풍부하다.

① 껍질이 붙은 것은, 중장선(中腸線)에 고농도의 독물이 쌓여 있을 가능성이 있으므로 절대 먹어서는 안 된다.
② 식중독이 걱정이라면 날것으로 먹는 것은 피하고 중심부까지 확실히 가열해야 한다.

PART 3 | 육류·어패류의 보존법

제철	영양성분	보존 기간	냉장 O 냉동 O 상온 × 절인다 O 말린다 ×
봄~여름 (3~6월) 1 2 3 4 5 6 7 8 9 10 11 12	타우린이 풍부해 피로회복에 좋다. 감칠맛 성분인 숙신산이 많다.	냉장실에서 2~3일	

바지락
해감을 하고 나서
냉장 또는
냉동한다.

〈고르는 법〉

입이 꼭 닫혀 있다.

알맹이가 볼록하고
크기가 일정하다.

소금물에 넣으면 수
관을 낸다.

제철	영양성분	보존 기간	냉장 O 냉동 O 상온 × 절인다 O 말린다 ×
여름~가을 (7~9월) 1 2 3 4 5 6 7 8 9 10 11 12	메티오닌이 많고 간 기능에 작용해서 황달에 효과적이다.	냉장실에서 2~3일	

재첩(가막조개)
냉동했다면
얼린 채
조리한다.

〈고르는 법〉

알맹이가 볼록하고
크기가 일정하다.

안심 포인트 해감을 한 다음 잘 씻는다.

① 엷은 소금물에 담가 30분 정도 냉암소에 두어서 확실히 모래를 빼낸다.
② 조가비끼리 문질러 씻어 흙과 더러움, 미끈미끈함을 제거한다.

바지락

냉장 보존

보존기간
냉장실에서 2~3일

바지락과 가막조개의 해감을 확실히 한다.

바지락의 해감
3% 농도의 소금물에 담가 30분 정도 냉암소에서 해감해 냉장실에 넣는다.

가막조개의 해감
가막조개를 1% 정도의 소금에 30분 정도 담가 냉암소에서 해감한 다음 냉장실에 넣는다.

물을 바꿔준다.
신선도를 유지하기 위해서는 매일 소금물을 갈아줄 것. 2~3일 정도 갈 수 있다.

냉동 보존

보존기간
2~3 주일

해감한 다음 얼음물에 넣는다.

STEP 1 생으로 → STEP 2

얼음물에 넣는다.
얼음물에 넣었다가 소쿠리에 담아 어느 정도 물을 뺀 후 냉동한다. 표면에 얼음막이 생기므로 산화를 막을 수 있다.

지퍼백에 넣는다.
조가비째 냉동용 지퍼백에 넣어 공기를 확실히 빼서 밀폐한다.

>> 올바른 해동법

얼린 채 조리하거나 자연 해동한다.

껍질이 있는 것이든 알맹이를 뺀 것이든 얼린 채 조리하는 것이 좋다. 된장국에 넣거나 술을 쳐서 찐다.

냉동 보존

보존기간
2~3 주일

깐 것은 한 번 살짝 뜨거운 물을 뿌린 다음 냉동한다.

STEP 1 데쳐서 → STEP 2

뜨거운 물을 뿌린다.
깐 조개는 소쿠리에 담아 뜨거운 물을 살짝 뿌린 다음 식힌다.

지퍼백에 넣는다.
랩에 평평하게 싼 다음 냉동용 지퍼백에 넣어 냉동한다. 그대로 지퍼백에 넣어도 좋다.

memo

깐 조개도 해감을 확실히 한다.

조가비에서 깔 때는 해감을 확실히 해야 한다. 오이스터 나이프가 있으면 편리하다.

PART 3 | 육류·어패류의 보존법

제철	영양성분	보존 기간
일년 내내 (천연은 7~9월) 1 2 3 4 5 6 7 8 9 10 11 12	비타민 A, B₂가 풍부해 스테미너 만점. 자양강장, 시력 회복에도 효과적이다. 여름을 탈 때도 좋다.	냉장실에서 진공팩이라면 3~4주일

| 냉장 ○ | 냉동 ○ | 상온 ✕ | 절인다 ✕ | 말린다 ✕ |

장어구이

양념장이 유지되도록 보존한다.

〈고르는 법〉

적당히 구워진 것.

폭이 넓고 살이 두툼하다.

냉동 보존   보존기간 **1개월**

냉동용 지퍼백
랩으로 잘 싼 다음 냉동용 지퍼백에 넣어 냉동한다.

올바른 해동법
전날, 냉장실로 옮겨 자연 해동한다. 시간이 없을 때에는 전자 레인지에 해동해도 OK.

냉장 보존   보존기간 **2~3일**

랩으로 잘 싼다.
랩으로 잘 싼 다음 양념장이 떨어지는 것을 방지하기 위해 비닐봉지에 넣어 보존한다.

안심 포인트 신뢰할 수 있는 가게에서

수입산을 하루라도 국내에서 양식하면 국산이라 표시할 수가 있다. 우선은 신뢰할 수 있는 곳에서 구입해야 한다.

칼럼 과식하지만 않으면 OK

기본적으로 진공팩이라면 상온 보존도 가능하다. 레티놀이라는 동물성 비타민 A의 과잉섭취를 막기 위해, 특히 임신 초기에는 너무 많이 먹지 않는 것이 좋다.

제철	영양성분	보존 기간
봄 (3~5월) 가을 (9~10월)	통째로 먹을 수 있어 칼슘 보급에 최적, 또한 칼슘의 흡수를 돕는 비타민 D도 함유되어 있다.	부분실에서 **1주일**

| 냉장 ○ | 냉동 ○ | 상온 × | 절인다 ○ | 말린다 ○ |

뱅어
냉동 또는 말려 보존성을 높인다.

〈고르는 법〉

몸이 통통한 것.

NG! 끊어지거나 누렇게 변색된 것은 NG.

냉동 보존 보존기간 **2~3주일**

소포장으로 해서 냉동
소포장으로 해서 랩으로 잘 싸든가 냉동용 지퍼백에 넣어 밀폐한다.

올바른 해동법 얼린 채 요리한다.
뱅어는 쉽게 해동되므로 얼린 채 요리한다. 무침이나 볶음에 좋다.

냉장 보존 보존기간 **1주일**

밀폐용기에 넣는다.
밀폐용기나 지퍼백에 넣어 밀폐한다.

안심 포인트 데쳐 소금기를 뺀다.

고혈압 예방이나 이유식 등 소금의 양이 신경 쓰일 때는 데쳐 소금기를 뺀다. 소금기를 빼는 데는 뜨거운 물을 붓는 것보다 살짝 데치는 쪽이 살균작용이 있다.

칼럼 소쿠리에 넣어 말리면 보다 오래간다!

소쿠리에 넣어 적당히 마를 때까지 햇볕에 말린다. 감칠맛과 식감이 좋아지며 장기보존도 가능하다. 말릴 때는 망 등으로 덮어 벌레 침입에 주의해야 한다.

PART 3 | 육류·어패류의 보존법

제철	영양성분	보존 기간
가을 (9~11월) 1 2 3 4 5 6 7 8 9 10 11 12	비타민 A, B12, D, E가 풍부하다. DHA, EPA도 함유되어 있어, 피로회복·미용에 효과적이다.	부분실에서 **1주일**

| 냉장 O | 냉동 O | 상온 X | 절인다 O | 말린다 X |

이크라 (ikra: 연어나 송어의 알)
간장이나 소금에 절여서

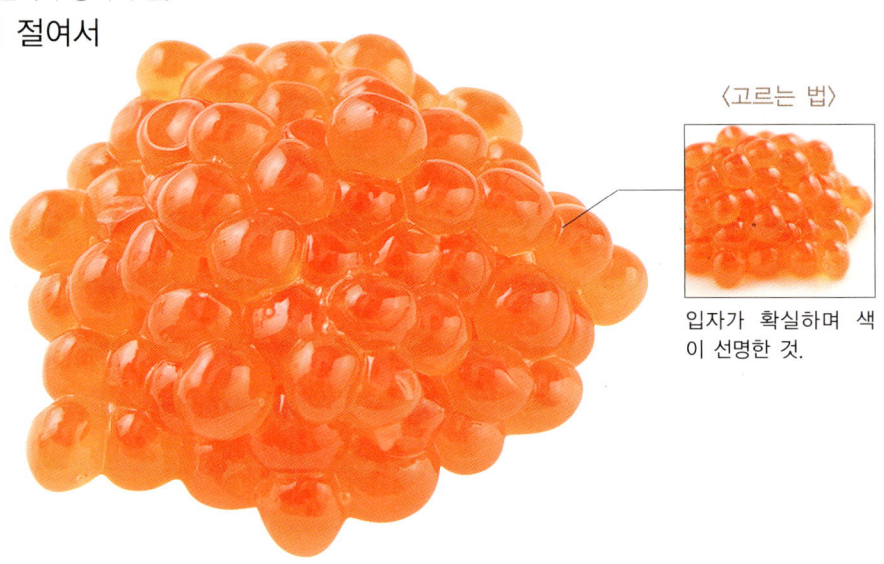

〈고르는 법〉

입자가 확실하며 색이 선명한 것.

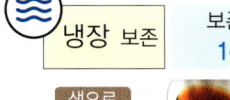
냉동 보존 보존기간 **3개월**

생으로

알루미늄 컵에 넣어
알루미늄 컵에 조금씩 나누어 담은 다음 보존 용기에 넣어 냉동한다.

냉장 보존 보존기간 **1주일**
생으로

간장에 절인다.
생 이크라나 연어 알은 구입한 날 간장이나 소금에 절인다.

올바른 해동법 냉장실에서 자연 해동
전날 냉장실로 옮겨 자연 해동한다. 알루미늄 컵에 담아두면 사용할 만큼 꺼낼 수 있어 좋다.

안심 포인트 천연 이크라가 좋다.

인공 이크라는 생선알을 사용하지 않고 식품첨가물도 사용되었을 가능성이 있으므로 먹지 않도록 한다. 천연 이크라라면 안심할 수 있다.

칼럼 천연 이크라 구분법

천연 이크라는 뜨거운 물을 뿌리면 이크라에 함유된 단백질이 변화해 백탁현상을 일으킨다. 신경이 쓰일 경우에는 몇 알 꺼내 시험해보는 것도 좋다.

이크라·명란젓

제철	영양성분	보존 기간
겨울 (11~2월) 1 2 3 4 5 6 7 8 9 10 11 12	비타민 A, B군, E가 풍부하다. 노화방지와 항산화 작용에 효과적이다. 소금 분량, 콜레스테롤 수치에 주의한다.	냉장실에서 1주일

| 냉장 ○ | 냉동 ○ | 상온 × | 절인다 ○ | 말린다 × |

명란젓
한 개씩 랩으로 싸서
냉동하면 편리하다.

〈고르는 법〉

투명감이 있고 껍질이 찢어진 곳이 없다.

냉동 보존　보존기간 **1~3개월**

생으로

랩으로 잘 싼다.
한 개씩 랩으로 잘 싼 다음 냉동용 지퍼백에 넣어 냉동한다.

냉장 보존　보존기간 **1주일**

생으로

보존용기에 넣어
팩에서 꺼내 가볍게 물기를 닦고 보존용기에 넣어 보관한다.

올바른 해동법　자연 해동이나 반해동
전날 냉장실로 옮겨 자연 해동한다. 익힌 것은 전자 레인지에서 반해동해도 좋다.

안심 포인트 성분 표시를 확인

생것이기 때문에 빨리 먹는 것이 좋다. 잘 구워도 좋다. 무첨가, 무착색이라 표시되어 있어도 발색제나 표백제를 사용하는 경우가 있다.

칼럼 보기에 좋은 것을 고르면?

발색제는 알의 색을 동일하게 하기 위해, 표백제는 혈관을 엷게 하기 위해 사용한다. 무첨가물은 색상이나 보기에 좋지 않다. 신경이 쓰이는 경우에는 고르는 데 참고하기 바란다.

미니 검증 ②

COLUMN

새우튀김은 튀기기 전에 냉동하는가, 튀긴 후에 하는가?

새우튀김 등 튀김은 튀김옷을 입혀 냉동한 다음 먹기 전에 튀기는 것이 좋다. 튀긴 것을 냉동하면 냉동했을 때 산화되어 기름 냄새가 심해진다. 보기에도 눅눅할 뿐 아니라 식감도 풍미도 떨어져 버린다. 튀김옷을 입힌 상태에서 냉동하면 해동하지 않고 그대로 튀길 수 있고 풍미도 그대로 파삭파삭한 식감을 맛볼 수 있다. 그러나 튀길 때 기름의 온도가 높으면 겉은 타고 속은 차가운 상태일 수 있으므로 160℃ 정도의 낮은 온도에서 튀기는 것이 좋다.

Before

〈보존방법〉
튀김옷을 입혀 튀기지 않고 냉동한다.

OK! After(1개월 후)

냉동 냄새가 없고 파삭파삭 맛있다!

PART 4

\확실히 마스터하자~!/

달걀·유제품 콩제품·가공품의
보존법

세균의 번식을 막고 위생관리를 철저히 해야 하는 식재료. 온도 변화를 피하고, 유통기한에 유의하면서 보존할 수 있는 '놀랄 만한 보존법'을 소개한다.

Preservation technique of eggs, dairy products,
soy products and processed products.

PART 4 | 달걀·유제품·콩제품·가공품의 보존법

Q>>> 달걀의 보존, 어느 쪽이 정답?

A 도어 포켓에 넣는다.

〈보존법〉
팩에서 꺼내 도어 포켓에 보존한다.

2주 후

NG!

신선도가 떨어지면 달걀흰자가 풀어져 두께가 줄어든다.

╲도어 포켓에서는╱
╲상하기 쉽다!╱

B 팩째 안쪽 깊숙한 곳에 보존한다.

〈보존법〉
팩째 냉장실의 깊숙한 곳에 보존한다.

2주 후

OK!

다른 식품의 세균 번식도 막아준다.

╲이쪽이 오래간다!╱

살모넬라균을 번식시키지 않게 보존

달걀 껍질에는 살모넬라균이 부착되어 있을 수가 있는데, 씻으면 안 된다. 씻으면 껍질 표면의 각피층이 벗겨져 균이 침입하기 쉬워진다. 균을 다른 식품에 옮기지 않게 하기 위해서도 팩째 냉장실 안쪽에 보존하는 것이 가장 좋다. 도어 포켓용 달걀 케이스에 넣어도 냉장실을 여닫을 때 일어나는 진동과 온도차로 상하기 쉽다.

달걀·유제품·콩제품의 보존 철저 검증 ①

C 삶아 냉장 보존한다.

〈보존법〉
삶아 껍질째 보존용기에 넣어 보존한다.

≫ 2~3일 후

상하기 쉬우므로 빨리 먹어야 한다.

/ 기껏해야 2~3일··· \

D 날달걀을 냉동 보존

〈보존법〉
보존용기에 달걀을 깨서 넣고 밀폐해 냉동 보존한다.

≫ 1개월 후

노른자를 반해동해서 맛있게 먹을 수도 있다.

/ 식감이 변해 버린다. \

삶은 달걀은 날달걀보다 상하기 쉽다.

삶은 달걀은 며칠이고 보존할 수 있다는 이미지가 있지만, 실제로는 삶으면 상하기 쉽게 된다. 왜냐하면, 달걀흰자에는 균을 녹이는 효소가 포함되어 있는데 삶으면 그 효소의 작용을 잃어버리기 때문이다. 또한, 냉동한 달걀은 냉장실에서 반해동할 때, 달걀흰자는 머랭으로 할 때 거품이 잘 되고, 달걀노른자는 부드러운 식감이 된다.

205

PART 4 | 달걀·유제품·콩제품·가공품의 보존법

\ 눈이 번쩍~! /

달걀의 보존법

매일의 식탁에 친근한 달걀. 신선도를 유지시켜
맛있게 먹기 위한 위생관리와 보존법을 알아두자.

1 달걀의 상미기한

달걀의 상미기한

생으로 먹을 수 있는 기한!

어떻게 결정하는가?

달걀흰자에 함유되어 있는
'라이소자임'이라는 효소의
작용이 있는 기간

상미기한이 지나면…

가열한다!

| 신선도를 구분하는 법 |

신선한 달걀은 깨서 떨어뜨
려 깨뜨렸을 때 달걀흰자가
퍼지지 않는다. 또한 달걀
흰자가 높고 볼록하다.

대전제는 '생으로 먹을 수 있는 기간'

달걀의 상미기한은 식품위생법에 기초해 달걀에 부착해 있을지도 모르는 살모넬라균에 의한 식중독을 방지하는 점에서 산출되어 있다. 그러니까, 달걀흰자에 함유되어 있는 '라이소자임'이라는 효소가 역할을 하는 기간이 '생으로 먹을 수 있는 기간'인 것이다. 상하는 기간보다 조금 빨리 설정되어 있기 때문에, 상미기한이 지나도 먹을 수는 있다. 다만, 먹을 때는 확실히 가열처리를 해야 한다.

2 팩에 넣은 채 보존하는 것이 정답?

**달걀에 적합한 보존법과
보존 장소의 새로운 상식**

냉장실 도어 포켓은 문을 여닫을 때 진동과 온도차가 생기기 때문에 달걀이 상하기 쉽다.(p.204 참조) 보존할 때는 달걀 껍질에 부착되어 있을 수 있는 살모넬라균이 다른 식품에 옮기지 않도록 팩째 냉장실 안쪽에 보존하는 것이 최고다. 또한, 달걀을 삶으면 세균을 분해하는 라이소자임이라는 효소의 작용이 소멸해 버리므로 오래 보존할 수 없다.

달걀이 오래 가는 보존법

팩째 그대로.

뾰족한 부분을 밑으로 해서.

달걀의 둥근 쪽에는 기실이라는 공기가 들어있는 공간이 있는데 이곳으로 호흡을 한다. 둥근 쪽을 위로 해서 보관하면 안에 미생물이 들어가기 쉽지 않다.

오래 가지 않는 보존법

도어 포켓에 넣는다.
냉장실을 여닫을 때 진동이 전해지고 온도의 변화도 크기 때문에 상하기 쉽다.

씻는다.
씻으면 껍질 표면의 각피층이 벗겨져 균이 침입하기 쉬워진다.

삶는다.
삶으면 균을 녹이는 라이소자임이라는 효소의 작용이 소멸되어 버린다.

PART 4 | 달걀·유제품·콩제품·가공품의 보존법

Q>>> 생크림의 보존, 어느 쪽이 정답?

A 팩째 냉동한다.

〈보존법〉
개봉하지 않고 팩 그대로 냉동한다.

B 거품을 내서 냉동한다.

〈보존법〉
설탕을 넣고 거품을 내서 냉동한다.

≫ 1개월 후

유분과 수분이 분리되어 버린다.

／거품이 일지 않는다.＼

≫ 1개월 후

OK!

해동 후에도 거품이 그대로다.

／푹신푹신＼
　거품 크림!

냉동은 가능하지만
거품이 일지 않는 경우도

생크림을 쓰고 남았을 때, 팩째 냉동하고 있지는 않는가? 팩째 냉동 보존할 수는 있지만, 유지방이 분리되기 때문에 거품이 일지 않는다. 케이크용 휩트 크림(whipped cream)으로 사용할 경우에는 거품을 내서 급속 냉동한 다음 작게 랩으로 싸서 냉동한다.

달걀·유제품·콩제품의 보존 철저 검증 ②

Q>>> 두부의 보존, 어느 쪽이 정답?

A 팩의 물과 함께 냉장보존

〈보존법〉
개봉 후 팩에 들어 있는 물을 갈지 않고 랩으로 싸서 냉장 보존.

5일 후

NG!

물이 노랗게 변색하고 냄새가 난다. ✗

미끈미끈하고 냄새가 난다.

B 매일 물을 바꿔주면서 냉장보존

〈보존법〉
개봉 후 보존용기에 넣어 물을 매일 갈아준다.

5일 후

OK!

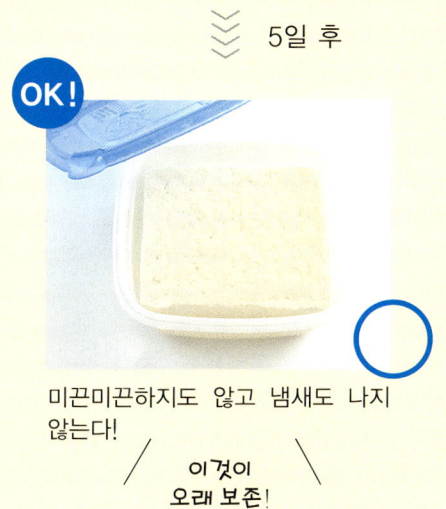

미끈미끈하지도 않고 냄새도 나지 않는다! ○

이것이 오래 보존!

부패의 원인은 물. 항상 깨끗한 상태로.

사용하다 남긴 두부를 팩에 넣은 채 냉장하지는 않는가? 랩을 씌웠다 해도 1주일 후에는 물이 노랗게 흐려지고 미끈미끈하게 상해 있다. 한편, 보존용기에 옮겨 매일 물을 갈아주며 보존한 두부는 맛이 변하지 않고 그대로다. 이것을 봐도 두부가 부패하는 원인은 물이라는 것을 알 수 있다.

PART 4 | 달걀·유제품·콩제품·가공품의 보존법

\ 왜 거품이 일지 않지? /

생크림 보존법

한번에 다 사용하기 어려운 생크림.
남겼을 때는 거품을 내서 냉동하면 낭비없이 오래 보존할 수 있다.

냉동하면 거품이 일지 않아! 진동해도 NG!

생크림은 냉동 보존할 수 있다!

 팩째

 OK! 거품을 내서

⌄⌄
냉동할 수 있으나 거품이 일지 않는다!

해동 시에 유지방과 수분이 분리되기 때문에 거품이 일지 않는다. 이때는 조리할 때 소스로 사용하는 것이 좋다.

⌄⌄
그대로 사용할 수 있다!

급속 냉동한다면 작게 나눠 랩으로 싸면 편리하다. 커피나 디저트의 토핑으로 사용하면 좋다.

**디저트 등에 사용할 경우에는
거품을 내서 냉동한다.**

생크림을 냉동할 때는 반드시 거품을 내서 급속 냉동한 다음 랩으로 싸두는 것이 좋다. 팩째 그대로 두면 해동했을 때 유지방과 수분이 분리되기 때문에 거품이 일지 않는다. 또한 냉장보존할 때는 보존 장소에 주의해야 한다. 냉기가 강한 곳은 동결할 가능성이 있고, 도어 포켓은 열고 닫을 때의 진동으로 굳을 수가 있다.

\ 부패의 원인을 생각한다. /

두부 보존법

두부는 빨리 먹는 것이 원칙. 보존할 경우에는
부지런히 깨끗한 물로 갈아줘야 맛이 유지된다.

부패의 원인은 물

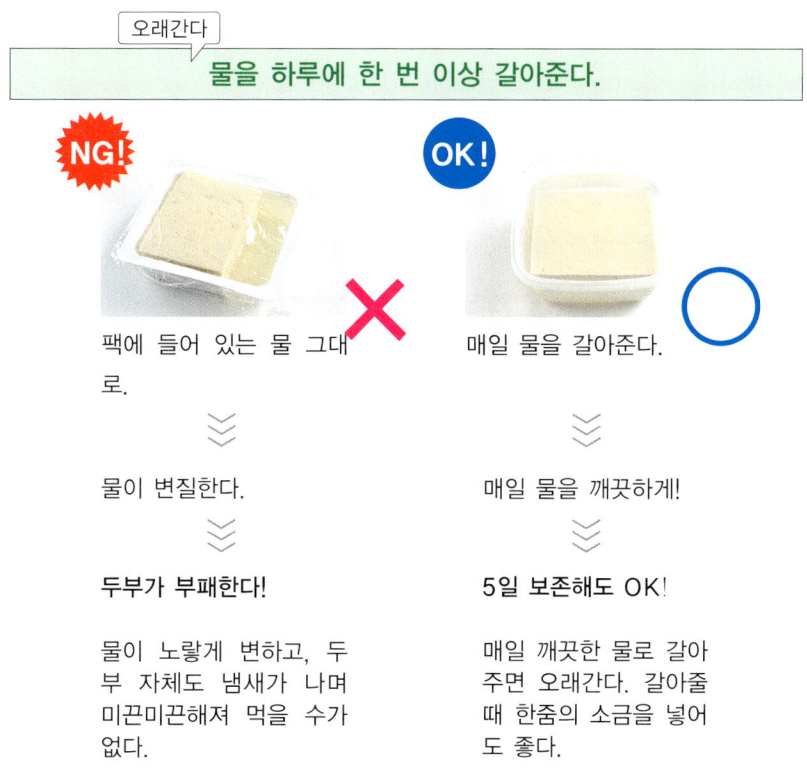

항상 깨끗한 물에 담가두는 것이 포인트

두부는 만져보거나 식감으로도 알 수 있듯이 매우 섬세하다. 시간이 지남에 따라 풍미가 떨어지므로 구입 후에는 빨리 먹는 것이 좋다. 보존할 경우에는 팩에서 꺼내 밀폐용기에 옮기고 깨끗한 물로 채운다. 매일 물을 갈아주는 것이 철칙! 물에 한 줌의 소금을 넣거나 한번 가열해 보존하는 것도 권하고 싶다.

PART 4 | 달걀·유제품·콩제품·가공품의 보존법

달걀

(날달걀, 삶은 달걀, 달걀말이) 잡균이 껍질 속에 들어가지 않도록 한다.

영양성분	보존 기간
양질의 단백질과 아미노산이 함유되어 있는 영양의 보고. 달걀노른자에 함유되어 있는 레시틴(lecithin)은 미용에도 효과적이다.	냉장실에서 **약 2주일**

| 냉장 ○ | 냉동 ○ | 상온 × | 절인다 ○ | 말린다 × |

〈고르는 법〉

노른자가 볼록한 것.

흰자에 탄력이 있다.

잡균이 달걀껍질 속에
들어가지 않게 한다.

칼럼 세상에서 가장 큰 타조알

달걀의 약 30개 분량인 타조알은 비타민과 미네랄 등의 영양소가 풍부해 건강과 미용에 좋다. 바이러스 항체를 정제하는 연구도 진행하는 등, 타조 알이 주목을 끌고 있다.

안심 포인트 상미기한은 생으로 먹을 수 있는 기간

① 살모넬라균은 열에 약하고, 10℃ 이하에서는 증식하기 어렵다.
② 상미기한이 지났으면 가열해 요리한다. 요리하기 직전에 깨뜨린다. 깨뜨린 후에 장시간 방치하면 잡균이 번식하므로 주의해야 한다.

달걀

냉장 보존

보존기간
2주일

날달걀은 뾰족한 부분을 밑으로 해서 팩째 보존한다.

뾰족한 쪽을 밑으로
달걀의 둥근 쪽에는 공기가 들어가는 기실이 있으므로 뾰족한 쪽을 밑으로 해서 보존하면 오래간다.

팩에 넣은 채로
달걀 껍질에는 균이 붙어 있을 수가 있으므로 다른 식품에 옮기지 않도록 하기 위해 팩째 보존한다.

씻는 것은 NG !
씻으면 기공이 막혀 숨을 쉴 수 없고 잡균이 들어가 부패의 원인이 되므로 NG!

냉장 보존

보존기간
2~3일
(삶아서)
2일
(달걀말이)

삶은 달걀, 달걀말이도 정확히 보관.

삶은 달걀은 껍질째로
껍질을 벗기지 않은 채 밀폐용기에 넣어 보존한다. 삶으면 날달걀보다 먹을 수 있는 기간이 짧아진다.

달걀말이는 랩으로 싸서
달걀말이는 속까지 완전히 익히고, 식으면 랩에 잘 싼 다음 지퍼백에 넣어 보존한다.

memo

달걀말이는 다음날 중에 다 먹는다.

달걀말이는 식으면 냉장실에 넣고 가급적 빨리 먹는다. 반숙은 당일 중에 먹는다.

냉동 보존

보존기간
1개월

냉동달걀의 새로운 식감을 맛볼 수 있다.

용기에 달걀을 깨서 넣는다.
냉동용 보관용기에 달걀을 깨서 넣고 밀폐해 냉동한다. 껍질째 넣어도 좋다.

memo

노른자와 흰자로 나눠 냉동해도

노른자와 흰자로 나눠 냉동 보존한 다음, 노른자는 반해동해 밥에 올려 먹으면 새로운 식감을 맛볼 수 있다. 흰자는 자연 해동한다.

>> 맛있는 해동법

냉장실에서 자연 해동

날것으로 냉동한 달걀은 전날 냉장실에 옮겨 하룻밤 놔둬 자연 해동한다. 급할 때는 전자 레인지에서 해동해도 맛있게 먹을 수 있다.

213

PART 4 | 달걀·유제품·콩제품·가공품의 보존법

치즈 | 각종 치즈에 맞게 보존한다.

영양성분	상미 기간
뼈를 튼튼하게 하는 칼슘, 비타민 A, 비타민 B_2가 풍부하고 미용 효과도 기대할 수 있는 건강식품이다.	냉장실에서 프로세스 치즈 **6개월~1년**

| 냉장 ○ | 냉동 ○ | 상온 ○
(프로세스 치즈) | 절인다 × | 말린다 × |

〈고르는 법〉

- 자른 면이 회색으로 변질했거나 물방울이 묻어 있는 것은 보존상태가 나쁜 것이므로 피해서 고른다.
- 수입산은 수입한 날과 상미기한을 확인한다.
- 커트해 놓은 것은 색이 균일하게 건조되어 있지 않은 것을 고른다.

프로세스 치즈
두 종류 이상의 천연 치즈를 가열 살균한 가공 치즈.

슬라이스 치즈
프로세스 치즈를 먹기 좋게 얇게 잘라 한 장씩 포장한 것.

| 상미기한 | 냉장실에서
6~9개월 |

프로세스 치즈(카턴 타입)
보존성이 높고 맛이 일정하다. 6p 치즈, 스모크 치즈도 그 하나다.

| 상미기한 | 냉장실에서
9개월 |

가루 치즈
프로세스 치즈를 건조시켜 분말로 만든 것. 수분이 적어 장기 보존할 수 있다.

| 상미기한 | 냉암소에서
6개월~1년 |

내추럴 치즈
우유에 유산균과 효소를 넣고 발효 숙성시킨 치즈

카망베르 치즈
흰 곰팡이로 숙성시켜, 표피가 흰 곰팡이에 덮여 있고 속은 부드럽고 농후해서 크림 같은 맛이 난다.

| 상미기한 | 냉장실에서 **6개월** |

코티지 치즈
지방분이 적고 담백한 하얀 소보루 모양의 치즈. 입자 타입과 고운 타입이 있다.

| 상미기한 | 냉장실에서 **3개월** |

피자용 치즈
가우다 치즈와 체더 치즈 등을 피자용으로 가늘게 자른 치즈.

| 상미기한 | 냉장실에서 **3~4개월** |

블루 치즈
푸른곰팡이를 사용한 치즈로 짠맛이 강하고 농후해 임팩트가 있는 풍미가 특징이다.

| 상미기한 | 냉장실에서 **1~7개월** |

memo 여러 타입

치즈는 프레시 타입, 하드 타입, 곰팡이 타입 등 제조법이 있으며 종류도 여러 가지다. 다른 식품에 냄새가 옮기지 않도록 하고 물기와 건조에 주의해야 한다.

PART 4 | 달걀·유제품·콩제품·가공품의 보존법

냉장 보존

보존기간
치즈의 종류에 따라 다르다

프로세스 치즈

랩으로 싼다.
사용하다 만 치즈는 랩으로 잘 싼 다음 지퍼백에 넣고 밀폐한다.

보존 기간
개봉 후 2~3주일

슬라이스 치즈
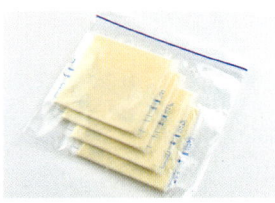
지퍼백에 넣는다.
지퍼백에 넣어 공기를 잘 뺀다.

보존 기간
개봉 후 2주일

피자용 치즈

지퍼백에 넣고 밀폐한다.
덩어리 치즈에 비해 산화되기 쉬우므로 지퍼백에 넣어 밀폐한다.

보존 기간
개봉 후 1주일

냉장 보존

보존기간
치즈의 종류에 따라 다르다

코티지 치즈

밀폐용기에 넣는다.
밀폐용기에 옮겨 뚜껑을 잘 덮어 보존한다.

보존 기간
개봉 후 1주일

카망베르 치즈

랩에 싸 냉장한다.
8등분해서 1개씩 랩에 싼 다음 밀폐용기에 넣어 보존한다.

보존 기간
개봉 후 1주일

블루 치즈

지퍼백에 넣는다.
랩으로 싼 다음 지퍼백에 넣어 냉장한다.

보존 기간
개봉 후 1주일

냉동 보존

보존기간
1개월

냉동용 지퍼백에 넣어

공기를 뺀다.
피자용 치즈는 냉동용 지퍼백에 넣어 스트로를 꽂아 공기를 뺀 다음 밀폐한다.

>> **올바른 해동법**
얼린 채 요리한다.
피자용 치즈는 부스러뜨리기 쉬우므로 그라탕이나 치즈 구이, 피자 토스트 등에는 얼린 채 사용한다.

memo

가루 치즈의 보존은?
가루 치즈는 물기가 적어 냉암소에서 장기보존이 가능하다. 습기나 온도차를 싫어하므로 냉장실에는 넣지 않는 것이 좋다.

치즈·요구르트

요구르트 | 맛있게 냉동하는 비결, +α!

영양분	보존 기간
유산균이 장내의 유익균을 늘려 장내환경을 정돈하고 변비해소와 저항력을 높인다. 미용에도 효과적이다.	냉장실에서 **2주일**

| 냉장 ○ | 냉동 ○ | 상온 ✕ | 절인다 ✕ | 말린다 ✕ |

〈고르는 법〉

미개봉이라도 쓰러뜨려서는 안 된다.

상부의 수분은 버리지 말 것.

❄ **냉동 보존** 보존기간 **1개월**

요구르트 비결 +α로
냉동 후에 풍미가 떨어지므로 설탕이나 휘핑 크림을 섞어 냉동한다.

〰 **냉장 보존** 보존기간 **1주일**

뚜껑을 덮은 다음 세워서
뚜껑을 잘 덮고 세워서 냉장실에서 보존한다.

올바른 해동법 그대로 먹는다.
얼린 상태의 요구르트는 그대로 냉동 요구르트로 먹을 수 있다.

안심 포인트 가미하지 않은 프레인을 선택한다.

가능하면 가미하지 않은 프레인을 선택한다. 다당액 등 감미료가 가미되지 않은 것을 고르도록 한다.

칼럼 상부에 생기는 물기의 정체는?

단백질이나 미네랄, 비타민 등 영양소가 많이 함유되어 있는 훼이(whey: 유청)라는 것이다. 버리지 말고 저어 섞어 먹자.

PART 4 | 달걀·유제품·콩제품·가공품의 보존법

우유

냉동은 일반적으로는 NG. 조리하면 냉동가능하다.

영양성분	보존 기간
칼슘·단백질·유화지방·비타민류가 풍부하다. 영양 밸런스가 우수한 건강식품이다.	냉장실에서 **약 10일**

| 냉장 ○ | 냉동 △ (조리한 것) | 상온 × | 절인다 × | 말린다 × |

NG!
뜯는 곳에 손가락으로 힘주어 열면 거기에 세균이 들어가 번식하므로 열 때 손가락이 내부에 닿지 않게 해야 한다.

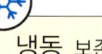

냉동 보존 보존기간 **1개월** 조리해서

화이트 소스로 해서
그대로 냉동 보존하는 것은 NG. 화이트 소스로 해서 냉동하면 편리하다.

냉장 보존 보존기간 **2~3일**

클립으로 막는다.
개봉 후에는 입구를 확실히 막아야 한다. 냄새가 강한 것과도 분리해 보존해야 한다.

올바른 해동법 냉장실에서 자연 해동
냉동 화이트 소스는 전날 냉장실로 옮겨 자연 해동한다. 얼린 채 냄비에 넣어도 좋다.

안심 포인트 안전성에 문제 없다.

우유는 생우유만을 원료로 사용하도록 정해져 있다. 제조과정에서 다른 것을 넣어서는 안 되기 때문에 첨가물에 대한 걱정은 하지 않아도 된다.

칼럼 저온살균 우유는 '소비기한'

단백질과 비타민의 분해를 막기 위해 60~70℃로 살균처리된 저온살균 우유는 내열성 균이 남아 있어 질이 빨리 떨어지므로 소비기한(유통기한) 표시가 지난 것을 피해야 한다.

우유·생크림

생크림 | 거품을 내서 냉동하는 것이 편리하다.

영양성분	보존 기간
동물성 크림은 피부나 점막을 지키는 비타민 A가 풍부하다. 그러나 콜레스테롤 함유량이 많다.	냉장실에서 **3개월**

| 냉장 ○ | 냉동 ○ (전 처리한 것) | 상온 ✕ | 절인다 ✕ | 말린다 ✕ |

NG!
보존한 생크림은, 이상한 냄새가 나거나 누렇게 되어 있거나 수분이 나와 있으면 먹지 말아야 한다.

 냉동 보존 보존기간 **1개월**

거품을 내서

거품을 내서 냉동한다.
거품을 낸 다음 냉동한다. 얼렸으면 랩으로 싸든가 보존용기에 넣는다.

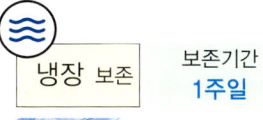 **냉장 보존** 보존기간 **1주일**

보존용기에 밀폐한다.
개봉 후에는 보존용기에 넣어 밀폐한 다음 냉장실에 넣는다.

올바른 해동법 얼린 채 조리한다.
거품을 낸 생크림은 수프나 커피 등에 얼린 채 넣는다.

안심 포인트 표시를 체크한다.

'크림'이라 표시되어 있는 것을 선택한다. "우유 또는 유제품을 주원료로 하는 식품"이라고 되어 있는 것은 유화제나 안정제, 식물성 지방을 넣은 것이다.

칼럼 생크림과 휘핑 크림

생크림은 유지방을 18% 이상 함유하고 첨가물이나 식물성 유지를 일체 사용하지 않은 크림이다. 휘핑 크림은 식물성 지방을 주원료로 하고 있다.

PART 4 | 달걀·유제품·콩제품·가공품의 보존법

버터·마가린 | 곰팡이의 원인, 표면에 붙은 결로(물방울)에 주의!

영양성분	보존 기간
칼슘, 비타민 A, 비타민 E, 비타민 D가 많고, 영양 보급, 뼈와 이의 강화, 스트레스 치유에도 효과적이다.	냉장실에서 **6개월**

| 냉장 O | 냉동 O | 상온 X | 절인다 X | 말린다 X |

버터

우유의 유지방을 휘저어 섞어 굳힌 것. 공기와 고온에 약하다.

영양성분	보존 기간
지방, 나트륨 등을 함유하고 있다. 에너지 보급에 좋다.	냉장실에서 **6~10개월**

| 냉장 O | 냉동 X | 상온 X | 절인다 X | 말린다 X |

마가린

식용유지 등을 섞어 가공한 것. 부드러워 빵에 발라 먹기 좋다.

NG! 버터에 나이프를 넣은 채 보존하는 것은 NG!. 빵 부스러기가 섞이면 곰팡이가 생길 수 있다.

버터·마가린

냉장 보존

보존기간
개봉 후
1개월
(버터)
2주일
(마가린)

버터

랩으로 싼다.
공기에 약하고 풍미가 점점 떨어지므로 랩에 잘 싸는 것이 포인트.

또는

포일로 싼다.
원래 붙어 있는 은박지나 포일도 오케이. 무염 버터는 소금을 넣은 버터보다도 빨리 상한다.

마가린

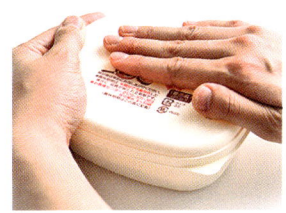

뚜껑을 덮는다.
사용 후에는 뚜껑을 잘 덮는다. 노랗게 변한 표면은 건조해 있을 뿐이므로 문제가 없다.

냉동 보존

보존기간
1년
(미개봉)
1개월
(작게 나눠)

버터 사용하기 좋은 분량으로 나눠 둔다

커트

작게 나눠 랩으로 싼다.
사용하기 좋은 분량으로 나눠 1개씩 랩으로 잘 싸서 냉동한다. 미개봉이라면 1년간 보존할 수 있다.

memo

마가린은 냉동 NG!!

마가린은 식물성 유지 등으로 만들었기 때문에, 냉동하면 수분과 유분이 분리된다. 저온 냉장실에 보존하는 것도 적합지 않다.

>> **올바른 해동법**

냉장실에서 자연 해동

전날 냉장실로 옮겨 자연 해동한다. 가열하는 조리에는 얼린 채 사용한다.

칼럼 종이 시트는 무엇을 위해?

마가린 용기에 붙어 있는 종이 시트는 개봉 전, 공기에 의해 풍미가 떨어지는 것을 방지하기 위해 붙여놓은 것이다. 개봉 후에는 시트를 벗겨도 품질에 영향은 없다. 보존 시에는 뚜껑을 확실히 덮어야 한다.

안심 포인트 마가린은 첨가물을 체크

① 버터의 원료는 생우유와 소금이므로 안전하다. 소금의 양이 걱정되는 사람은 무염 버터를 고르면 된다.
② 마가린은 유화제 등의 첨가물이 들어 있어, 유지방 함유율이나 원재료 등 표시에서 확인을 한다.

PART 4 | 달걀·유제품·콩제품·가공품의 보존법

두부

매일 물을 갈아주는 것이 오래 가는 비결

영양성분	보존 기간
식물성 단백질과 지방이 많아 콜레스테롤 수치를 낮춰주고 비만해소와 동맥경화에 효과적이다.	냉장실에서 **5일**

| 냉장 ○ | 냉동 △
(가열한 것) | 상온 ✕ | 절인다 ○ | 말린다 ○ |

목면두부
무명을 깐 두부 틀에 순두부를 넣어 만든 두부.

연두부
두유에 간수를 넣어 굳힌 두부. 연하고 식감이 부드럽다.

구운두부
물기를 뺀 두부 표면을 구워, 눌은 자리를 만든 두부.

순두부
굳히는 도중에 조직을 균일한 형태로 만든 두부. 식감이 부드럽다.

칼럼 연두부와 목면두부, 영양소의 차이는?

목면두부는 수분을 짜기 때문에 영양소가 압축되며, 단백질과 지방이 많이 함유되어 있는 반면, 비타민 B군과 칼륨이 유출되기 쉽다.
연두부는 두유를 그대로 굳혔기 때문에 유출되지 않고 영양소가 그대로다.

안심 포인트 안전성 문제는 없다.

① 원료인 콩이 국산인지, 유전자 변형이 아닌지 확인한다.
② 응고제에는 천연과 합성이 있는데, 둘 다 안전성에 문제가 없다. 끓어 넘치는 것을 방지하는 소포제(消泡劑)도 걱정하지 않아도 된다.

두부

냉장 보존

보존기간 **5일**

매일 물을 갈아주면 오래간다.

STEP 1 보존용기에 넣어서.
팩의 물을 버리고, 두부를 보존용기에 옮겨 깨끗한 물이 잠기게 넣는다.

STEP 2 물을 갈아준다.
물을 매일 갈아주는 것이 오래가는 포인트. 차갑고 깨끗한 물을 사용할 것.

📎 **memo**

두부 된장 절임

두부의 물기를 짜내고, 술을 섞은 된장에 절인다. 2~3일 지나면 맛이 들어 치즈 같은 식감을 맛볼 수 있다.

냉장 보존

보존기간 **5일**

보존용기가 없으면 팩째라도 좋다.

STEP 1 물만 버린다.
팩의 물은 두부가 부서지기 않게 넣은 것이므로 버린다.

STEP 2 깨끗한 물을 넣는다.
차갑고 깨끗한 물을 두부 위에 찰 정도로 넣는다.

STEP 3 랩을 잘 씌운다.
팩에 깨끗한 물을 넣었으면 랩을 씌워 냉장 보존한다.

냉동 보존

보존기간 **1개월**

두부를 볶아서 보존한다.

STEP 1 물기를 없앤다.
프라이팬에 물기를 짠 두부를 넣고 가열해 물기를 없앤다. 조미료로 맛을 낸다.

STEP 2 냉동용 지퍼백에 넣는다.
식힌 다음 냉동용 지퍼백에 넣고 평평하게 펴서 냉동한다.

》 올바른 해동법

자연 해동하거나 얼린 채 요리한다.

냉동시킨 두부는 냉장실로 옮겨 하룻밤 놔둬 자연 해동한다. 샐러드나 햄버그 스테이크에 사용할 수 있다. 또한 국물이나 끓이는 조리에는 얼린 채 가열해도 좋다.

PART 4 | 달걀·유제품·콩제품·가공품의 보존법

기름에 튀긴 두부, 유부

개봉 전에는 봉지째 냉장한다.

영양성분	보존 기간
단백질, 비타민 E, 칼슘, 철이 함유되어 있어 피로 회복과 고혈압, 동맥경화 예방에 효과적이다.	냉장실에서 3~5일

| 냉장 ○ | 냉동 ○
(튀긴 것) | 상온 ✕ | 절인다 ✕ | 말린다 ○ |

기름에 튀긴 두부
물기를 짠 두부를 그대로 한 번 튀긴 것.
냉동은 부적합하다.

유부
물기를 짠 두부를 얇게 잘라 두 번 튀긴 것.

칼럼 기름에 튀긴 두부와 유부는 다른가?

기름에 튀긴 두부는 물기를 짠 두부를 한 번 튀긴(180~200℃) 것이고, 유부는 물기를 짜낸 두부를 얇게 잘라 두 번 튀긴(120→180℃) 것이다. 기름에 튀겨 칼로리가 높다. 뜨거운 물에 넣으면 칼로리를 낮출 수 있다.

안심 포인트 뜨거운 물을 뿌린다.

① 원료인 콩이 국산인지, 유전자 변형이 아닌지 확인한다.
② 튀기는 기름에 산화방지제를 사용하는 경우가 있다. 뜨거운 물을 부어 기름기를 제거하는 것이 좋다.

유부

냉장 보존

보존기간
3~5일

기름에 튀긴 두부

팩째 보존한다.
미개봉 상태라면 팩째 냉장실에 보존한다. 개봉한 후에는 키친타월과 랩으로 싼다.

유부 개봉전에는 봉투째 냉장보존한다.

봉투째 보존한다.
미개봉 상태라면 봉지 그대로 냉장실에 보존하는 것이 좋다.

1장씩 싼다.
개봉 후에는 한 장씩 키친타월로 싼 다음 다시 랩으로 잘 싼다.

냉동 보존

보존기간
1개월

유부는 기름기를 빼고 잘게 썰면 냉동이 편리하다!

STEP 1

기름기를 뺀다.
냉동하기 전에 뜨거운 물을 부어 기름기를 빼두면 조리할 때 그대로 사용할 수 있어 편리하다.

»

STEP 2

잘게 썰어 지퍼백에 보존한다.
사용하기 좋은 크기로 잘라 냉동용 지퍼백에 넣어 냉동한다.

>> **올바른 해동법**

얼린 채 조리하거나 전자레인지에서 해동한다.

유부는 얼린 채 조리에 사용할 수 있다. 국물이나 끓이는 조리에는 직접 넣거나 전자 레인지에 해동해 넣는다.

---

memo

콩에는 이소플라본이 풍부하다!

식물성 폴리페놀인 이소플라본이 많이 함유되어 건강과 미용에 효과적이다. 이소플라본은 여성 호르몬인 에스트로겐과 비슷한 역할을 하기 때문에 생리 전 증후군이나 갱년기증후군, 난소 질환 예방에 효과적인 것으로 기대되고 있다. 또한, 항산화 작용도 하기 때문에 생활습관병 예방에도 도움이 된다.

PART 4 | 달걀·유제품·콩제품·가공품의 보존법

낫토, 두유, 얼린 두부
각기 콩 제품에 맞는 보관을

영양성분	보존 기간
미용 효과가 있는 비타민 B군이 풍부하다. 변비 해소 효과도 있다.	냉장실에서 **1주일~10일**

- 냉장 ○
- 냉동 ○
- 상온 ✕
- 절인다 ✕
- 말린다 ✕

낫토
콩을 발효시킨 일본 특유의 식품. 입자가 큰 것과 작은 것, 으깬 것이 있다.

영양성분	보존 기간
단백질과 지방 외에 다양한 영양소가 함유된 건강식품이다.	냉장실에서 **약 50일**

- 냉장 ○
- 냉동 △
- 상온 ✕
- 절인다 ✕
- 말린다 ✕

두유
데친 콩을 갈아 물을 넣어 끓인 것을 거른 음료.

영양성분	보존 기간
칼륨과 철분 등을 함유하고 있으며, 빈혈 예방 등에 효과적이다.	냉암소에서 **6개월**

- 냉장 ○
- 냉동 ○
- 상온 ○
- 절인다 ✕
- 말린다 ✕

얼린 두부
두부를 냉동해 해동한 후 건조한 두부.

낫토·두유·얼린두부

냉장 보존

보존기간
1주일~10일(낫토)
개봉 후 4~5일(두유)

낫토

팩째 보존한다.
상온에 두면 계속 발효되기 때문에 냉장보존해야 한다. 팩째 냉장실에 보존한다.

두유

뚜껑을 닫아 보존한다.
개봉한 후라면 뚜껑을 잘 닫아 냉장실에서 보존한다. 빨리 먹는 것이 좋다.

> **memo**
>
> 흰 침전물은 괜찮을까?
>
> 두유에 생기는 침전물은 콩의 고형성분이므로 마셔도 문제가 없다. 잘 흔들어 마신다.

상온 & 냉장 보존

보존기간
냉암소에서 6개월
개봉 후 냉장실에서 1개월

얼린 두부

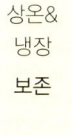

지퍼백으로 밀폐.
개봉 후에는 지퍼백에 넣고 냄새가 강한 음식을 피해 냉장한다. 개봉 전이라면 냉암소에 보존하는 것이 기본이다.

냉동 보존

보존기간
2개월

낫토

냉동용 지퍼백에 넣어.
냄새가 다른 식품에 옮기지 않도록 팩째 냉동용 지퍼백에 넣어 냉동한다.

칼럼 낫토는 반드시 자연 해동을

냉동한 낫토는 전자 레인지에서 해동하면 맛이 떨어지므로 자연 해동한다. 또한, 낫토는 냉동해도 낫토균은 그대로 살아 있기 때문에 콩이 약간 부드러워지는 경우도 있다.

안심 포인트 첨부 조미료는 사용하지 않는다!

① 낫토는 첨가물이 사용되는 경우가 많다. 가정 조미료로 맛을 낸 것은 안심할 수 있다.
② 조정두유는 첨가물을 사용하기 때문에 가급적 무조정 두유를 고르자.

PART 4 | 달걀·유제품·콩제품·가공품의 보존법

어묵

진공포장이라면 며칠이고 보존할 수 있다.

영양성분	보존 기간
단백질과 칼슘이 많고 저지방이라서 다이어트에 좋다.	냉장실에서 1~2주일

- 냉장 O
- 냉동 X
- 상온 X
- 절인다 X
- 말린다 X

꼬치어묵

으깬 생선살을 대꼬챙이에 입혀 굽거나 찐 대롱 모양의 어묵.

영양성분	보존 기간
고단백인데다 익힌 상태라 저지방, 저칼로리다.	냉장실에서 1~2주일

- 냉장 O
- 냉동 X
- 상온 X
- 절인다 X
- 말린다 X

가마보코

생선살에 소금과 조미료를 넣고 잘 섞어 모양을 만든 다음 찌거나 삶은 것.

어묵튀김

명태 등 생선살에 양파와 당근 등의 채소를 넣고 튀겨 맛을 낸 것.

영양성분
단백질과 칼슘이 많지만, 튀긴 것이어서 칼로리도 높다.

상미기한
냉장실에서
6일

- 냉장 O
- 냉동 X
- 상온 X
- 절인다 X
- 말린다 X

한펜

다진 생선살에 마 등을 갈아 넣고 쪄서 굳힌 식품.

영양성분
단백질이 풍부하고 저지방이다. 고령자와 어린이 영양 보급에 좋다.

상미기한
냉장실에서
1주일

- 냉장 O
- 냉동 X
- 상온 X
- 절인다 X
- 말린다 X

칼럼 많이 먹고 있는 명태

명태는 냉동식품이나 명란젓 원료로 많이 사용된다. 대구에 비해 질감이나 감칠맛은 떨어지지만 먹을 수 있는 양은 대구에 비해 떨어지지 않는다 할 수 있다.

안심 포인트 상미기한이나 표시를 확인

① 첨가물이 신경 쓰일 경우에는 성분표시를 확인하고 나서 구입하자.
② 가마보코의 착색료(붉은 색)가 신경 쓰일 때는 흰색을 고르자.

PART 4 | 달걀·유제품·콩제품·가공품의 보존법

냉장 보존

보존기간
꼬치어묵
1~2주일
개봉 후
1~2일

꼬치어묵

팩째 보존한다.
팩째 1주일 정도 보존할 수 있는데, 진공포장이라면 2주일 정도 간다.

자른 것

랩으로 싼다.
개봉한 후에는 랩으로 잘 싸서 냉장실에 보존한다. 1~2일 안에 먹는 것이 좋다.

어묵튀김

비닐봉지로 밀폐
개봉 후에는 비닐봉지에 넣어 밀폐한다. 어묵튀김은 한 번 튀긴 것이므로 다른 냉동식품보다 오래간다.

냉장 보존

보존기간
한펜: 1주일
개봉 후
1~2일
가마보코:
1~2주일
개봉 후
1~2일

한펜

자른 것

랩으로 싼다.
개봉한 후에는 랩으로 잘 싸서 냉장실에 보존한다. 1~2일 안에 먹는 것이 좋다.

가마보코

진공포장째로.
진공포장째 냉장 보존한다. 보존 기간은 2주일. 케이싱*을 한 것이라면 1개월 가는 것도 있다.

자른 것

랩으로 싼다.
개봉 후에는 랩으로 잘 싸서 냉장보존한다. 상하기 쉬우므로 1~2일 안에 먹는 것이 좋다.

---

memo

어묵 제품을 냉동하는 것은 금물

어묵 제품은 업무용 냉동실이라면 냉동도 가능하지만 가정용 냉동실에서는 냉동하기 어렵다. 식감도 나빠지며 전체적으로 물기가 많아진다. 남은 분량은 냉장실에 보존했다가 빨리 먹는 것이 좋다.

＊케이싱:
반죽한 생선살을 케이싱(햄이나 소시지를 싸는 얇은 봉지)에 채워 밀봉한 뒤 가열한 것.

곤약 | 식감이 변하므로 냉동보존은 부적합하다.

영양성분	보존 기간
98% 이상이 수분이고 식이섬유인 글루코만난이 많이 함유되어 있어 변비예방에 효과적이다. 칼슘 보급에도 좋다.	냉암소에서 **1~3개월**

| 냉장 O | 냉동 X | 상온 O | 절인다 X | 말린다 X |

〈고르는 법〉
탄력성이 적당히 있고 너무 부드럽지 않은 것. 줄어 단단해진 것은 오래되었다는 증거다.

상온 보존 보존기간 1~3개월

봉지째 냉암소에.
개봉 전이라면 봉지째 냉암소에 보존한다. 개봉 후에는 냉장실에 넣는다.

냉장 보존 보존기간 2~3일

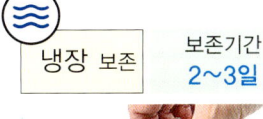

물을 채운다.
사용하고 남은 곤약은 물을 채운 보존용기에 넣어 냉장실에 보존한다.

올바른 해동법 액체의 정체는?
봉지 안의 액체는 살균효과가 있는 석회수이다. 보통 물에 담가두는 것보다 오래가므로 요리하기 직전에 개봉하는 것이 좋다.

칼럼 곤약면이 인기

'뱃속을 청소해 주는 역할'을 한다는 곤약은 변비에 효과가 있다. 최근에는 다이어트식으로 곤약면이 여성에게 인기가 있다. 라면이나 파스타를 곤약면으로 교체하면 그만큼 칼로리를 대폭 줄일 수 있다. 게다가 식이섬유와 글루코만난과 칼슘을 함유하고 있어 변비해소나 혈당치, 콜레스테롤 수치를 내리는 효과도 있다.

COLUMN

쿠키 반죽은 냉동? 냉장?

쿠키 레시피에는 "반죽을 냉장실에서 재운다."는 과정이 있다. 이것은 밀가루에 함유되어 있는 끈기 있는 성분인 글루텐을 고착시키기 위한 것. 반죽이 만들어진 단계에서는 글루텐의 힘이 강하게 줄어드는 현상이 일어나 파삭하지 않는 쿠키가 될 수 있다. 물론 레시피대로 냉장실에서 재우기만 해도 맛있게 완성되지만 냉동하면 더욱 반죽이 안정돼 씹히는 식감이 좋은 쿠키를 만들 수 있다. 쿠키 반죽이 남은 경우에도 반죽을 랩으로 싸서 냉동 보존하는 것이 좋다. 구울 때는 얼린 채 반죽을 잘라 굽는 것이 좋다. 딱딱한 듯하면 냉장실에서 반해동하면 된다.

〈보존방법〉
통 모양의 반죽을 랩으로 싼 다음 냉동용 지퍼백에 넣어 냉동한다.
(보존 기간: 1개월)

PART 5

\충분히 보존할 수 있다!/

주식 및 기타 식품의 보존법

사용하다 남은 주식 & 면류, 조미료, 차 종류는 방치해 두면 상해 버리기도 한다. 여기서는 놓치기 쉬운 식품보존 테크닉을 소개한다.

Preservation technique of staple food and other food.

PART 5 | 주식 및 기타 식품의 보존법

쌀, 잡곡, 밥 | 밀폐용기에 옮겨 담는 것이 포인트

제철	영양성분	보존 기간
가을 (9월 중순~10월) 1 2 3 4 5 6 7 8 9 10 11 12	탄수화물이 주성분이지만 뇌세포의 활성화나 동맥경화 억제에 유효한 아미노산의 일종인 γ-아미노낙산을 함유하고 있다.	상온 봄철에는 도정일로부터 1개월 겨울철에는 도정일로부터 2개월

냉장 ○	냉동 ○	상온 ○	절인다 ✕	말린다 ✕
(밥✕)	(쌀, 잡곡✕)	(밥✕)		

〈고르는 법〉

투명감이 있고 쌀알이 고른 것.

NG!
쌀알이 일그러져 있거나 변색된 것.

쌀

잡곡
(조, 수수, 피 등)

밥

밥을 지으면 윤기가 흐른다.

쌀, 잡곡, 밥

상온 보존

보존기간
정미후
1개월
(봄,
여름철)
2개월
(가을,
겨울철)

다른 용기나 밀폐용기에 옮겨 보존한다.

STEP 1

다른 부대에 옮긴다.
비닐봉지에서는 물크러지므로 통기성이 좋은 종이부대에 옮겨 담는다.

STEP 2

고추를 넣는다.
벌레를 막기 위해서 고추 1개를 넣는다. 벌레가 생긴 후에 넣으면 효과가 없으므로 주의.

소포장으로 나눠놓으면 편리하다
품질이 떨어지는 현상을 막기 위해 사용할 분량만큼 소포장으로 나눠 건조를 방지한다. 확실히 밀폐한다.

냉장 보존

보존기간

1~2
개
월

여름철에는 냉장실에 넣어 밀폐 보존

쌀은 보존용기에 넣어서.
확실히 밀폐할 수 있는 보존용기에 옮겨 담아 냉장한다. 냉장실 보존이 바람직하다.

잡곡도 동일하다.
쌀과 마찬가지로 건조를 막고 냄새가 배이지 않도록 밀폐할 수 있는 보존용기에 옮겨 담아 냉장한다.

memo

밥은 냉장해도 좋은가?

밥은 냉동 보존이 최고. 냉장보존하면 누렇게 변색하고 굳어져 맛이 떨어진다.

냉동 보존

보존기간

1
개
월

막 지은 밥 그대로 랩에 싸서

STEP 1

열을 식힌다.
평평한 그릇에 막 지은 밥을 펴서 열을 식힌다.

STEP 2

쟁반에 올려놓는다.
랩으로 잘 싸서 금속 쟁반에 올려놓고 급속냉동한다.

>> 올바른 해동법

전자 레인지 가열로 따끈따끈!

한가운데를 우묵하게 파면 해동이 빠르다. 해동 시 물이나 술을 소량 뿌려 전자 레인지에서 가열하면 부풀어 오른다.

PART 5 | 주식 및 기타 식품의 보존법

면(국수) | 면의 종류에 따라 보존법이 다르다.

영양성분	보존 기간
면류의 주성분은 탄수화물로서 쌀과 같은 에너지원이다. 메밀국수에는 식이섬유가 많다.	**면의 종류에 따라 다르다.**

냉장 ○	냉동 ○	상온 ○	절인다 ✕	말린다 ✕
(건면 △)	(건면 ✕)	(생면, 삶은 면, 찐 면 ✕)		

생면 장기 보존할 것이라면 냉동을 권한다.

생모밀국수, 우동
상하기 쉬우므로 냉장이나 냉동 보존을 한다.

| 상미기한 | 냉장실에서 **2~3주일** |

생 파스타
집에서 만든 것이라면 풍미를 유지하기 위해 냉동 보존을 한다.

| 상미기한 | 냉장실에서 **5~10일** |

칼럼 손으로 늘인 면은 오래 될수록 맛있는가?

손으로 늘인 국수는 3년 지난 것이 숙성되어, 식감이 좋고 맛있다. 다만, 보존하는 곳에 따라 벌레가 생기는 일도 있으므로 주의해야 한다.

안심 포인트 제조일이나 상미기한을 확인

생면이나 찐 면을 구입할 때는 제조일과 상미기한을 확인한다. 건면은 습도가 60% 이상이 되면 곰팡이가 생길 가능성이 있으므로 주의해야 한다.

면(국수)

찌거나 삶은 면

상온에서는 보존하기 어려우므로 즉시 먹지 않을 경우에는 냉동을.

찐 중화면

상비해 두면 편리하므로 냉동 보존해 두었다가 사용한다.

| 상미기한 | 냉장실에서 5일 |

삶은 우동, 메밀국수

삶은 우동은 메밀국수보다도 소금 함량이 높으므로 오래 보존할 수 있다.

| 상미기한 | 냉장실에서 5일 |

건면, 파스타

개봉 후라도 밀폐용기에 넣으면 오래간다.

국수

직사광선을 피해 통기성이 좋은 곳에서 보존한다.

| 상미기한 | 냉암소에서 3년 |

파스타

개봉 후라도 바르게 보관하면 상미기한까지 맛있게 먹을 수 있다.

| 상미기한 | 냉암소에서 2~3년 |

PART 5 | 주식 및 기타 식품의 보존법

냉장 보존

보존기간
개봉후 2~3일

생면(메밀국수, 우동)

STEP 1 — 키친타월로 싼다.
개봉 후에는 결로 방지를 위해 봉지에서 꺼내 키친타월로 싼다.

STEP 2 — 다시 랩으로 싼다.
건조와 숙성을 방지하기 위해 랩으로 잘 싸서 냉장실에서 보존한다.

생 파스타

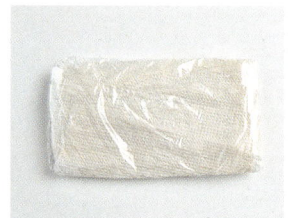

랩으로 잘 싼다.
건조하지 않도록 랩으로 잘 싸서 냉장실에 보존한다.

냉동 보존

보존기간
1개월 (생 파스타)
1개월 (생면)

생 파스타

STEP 1 — 1인분씩 랩으로
건조하지 않도록 1인분씩 랩으로 싼 다음 평평하게 해서 공기를 뺀다.

STEP 2 — 지퍼백에 넣는다.
냉동용 지퍼백에 넣어 공기를 빼고 밀폐해 냉동한다.

생면(메밀국수, 우동)

랩 & 지퍼백
건조하지 않도록 랩으로 잘 싸서 냉동용 지퍼백에 넣는다.

상온~냉장 보존

보존기간
상미기한까지 (파스타) (건면)

건면

밀폐봉지에 넣는다.
밀폐할 수 있는 봉지나 용기에 넣어 보존한다. 냄새가 옮기 쉬우므로 잘 밀폐한다.

파스타

밀폐용기에 넣는다.
밀폐용기나 페트병에 넣어 보존한다. 페트병은 뚜껑이 있어 편리하다.

memo

파스타는 삶아 기름을 묻힌다.

파스타는 삶은 후에 기름을 묻히면 면이 붙지 않고 2~3일 정도 보존할 수 있다.

냉장 보존

보존기간
5일

삶은 면, 찐 면

봉지째로.
개봉하지 않았다면 봉지째로 냉장실에서 보존한다.

STEP 1

한 번에 먹을 수 있는 분량만큼 랩으로.
건조하지 않도록 랩으로 싸서 냉장한다. 소비기한 내에 사용하도록 한다.

생 파스타

STEP 2

지퍼백에 넣는다.
냉동용 지퍼백에 넣은 다음 공기를 잘 빼서 냉동한다.

>> **맛있는 해동법** 면에 맞는 해동법을

생면, 생 파스타는 냉동한다.

생면이나 생 파스타가 남았을 때는 풍미가 떨어지지 않도록 빨리 냉동하는 것이 좋다. 생면과 생 파스타는 1개월을 기준으로 다 먹는 것이 최고. 해동할 때는 얼린 채 취향대로 삶으면 된다. 얼린 채 삶아야 시간을 단축할 수 있다.

삶은 면, 찐 면은 뜨거운 물에서 해동

삶은 면이나 찐 면은 뜨거운 물에 30~40초 넣어 젓가락으로 뒤적이든지 소쿠리에 담아 뜨거운 물을 부어 해동한다. 전자 레인지 해동의 경우에는 반해동이 좋다. 한번 냉동한 면은 해동 후에 재냉동하는 것은 절대로 안 된다. 남기지 않도록 소포장으로 나누어 보존하는 것이 좋다.

---

memo

주의해야 할 건면의 보존
건면은 장기보존이 가능해 안심하는 경향이 있으나 주의해야 할 점이 있다. 우선 냄새가 배기 쉬우므로 비누처럼 냄새가 강한 것 가까이에 두지 말아야 한다. 또한 습기를 흡수하기 쉬우므로 습기에도 주의해 보존해야 한다. 곰팡이나 벌레도 생길 수가 있다.

PART 5 | 주식 및 기타 식품의 보존법

빵

여름철에는 곰팡이가 생기기 쉬우므로 빨리 냉동한다.

영양성분	보존 기간
호밀과 통밀가루를 사용하는 빵은 피로회복에 효과가 있는 칼륨과 인이 풍부하다.	냉암소에서 **5일**

| 냉장 ✕ | 냉동 ○ | 상온 ○ | 절인다 ✕ | 말린다 ✕ |

NG!
건조하면 맛이 떨어지므로 식빵을 냉장보존하는 것은 좋지 않다.

식빵

바게트 빵

보존성이 높지만 즉시 딱딱해지므로 2일 안에 다 먹는 것이 최고.

냉동 보존   보존기간 2주일~1개월

랩 & 지퍼백
1매 또는 1컷씩 랩으로 싸서 냉동용 지퍼백에 넣는다.

크루통(빵 조각 튀김), 빵가루로
딱딱해진 빵은 크루통(빵 조각 튀김)이나 빵가루로 활용한다.

올바른 해동법   자연 해동 후에 토스트

실온에서 자연 해동한다. 랩 대신 포일로 싸면 그대로 토스트가 가능하다.

안심 포인트   원재료를 체크

낮은 비용으로 대량생산을 하는 빵에는 첨가물이 사용될 가능성이 있다. 신경 쓰일 경우에는 표시를 확인하자.

칼럼   냉동빵을 맛있게 토스트로

바게트 빵 등 딱딱한 빵은 즉시 건조되므로 자연 해동 후에 분무기로 표면에 물을 뿌리고 나서 구우면 부풀어오른다.

시리얼

| 냉동하면 더 오래 보존할 수 있으므로 보존식으로 적합. |

영양성분	보존 기간
곡물이나 견과류 등을 사용하기 때문에 식이섬유와 비타민, 미네랄이 풍부하다.	냉암소에서 **1년**

| 냉장 ○ | 냉동 ○ | 상온 ○ | 절인다 ✕ | 말린다 ✕ |

냉동 보존 — 보존기간 **상미기한까지**

냉동용 지퍼백에 넣는다.
구입 시에 들어 있던 은박지봉투째 냉동용 지퍼백에 넣고 밀봉해 냉동한다.

상온&냉장 — 보존기간 **1~3주일**

건조제와 함께
건조제를 넣은 밀폐용기에 옮겨 냉암소 또는 냉장실에서 보존한다.

올바른 해동법 자연 해동하면 OK!
자연 해동하는 것이 기본이다. 얼린 상태라도 잘 풀리므로 차가운 상태로 먹는 것도 좋다.

안심 포인트 설탕 사용 등을 확인

시리얼에는 설탕이 들어 있는 달콤한 것과 프레인, 기름에 튀기지 않은 것 등 종류가 많고 원재료도 다양하다. 표시를 보고 확인하자.

칼럼 뮤즐리가 뭐지?

미용효과가 있어 인기 있는 뮤즐리. 이것은 시리얼에 견과류나 드라이 프루츠를 플러스한 식품이다. 설탕이나 소금, 기름을 사용하지 않으므로 다이어트에 최적.

PART 5 | 주식 및 기타 식품의 보존법

건물(마른 식품)

개봉 후의 습기나 산화를 막기 위해 각각 적합한 방법으로 보존.

보존식품 & 조미료

개봉 후, 상미기한을 알 수 없는 건물(마른 식품)과 조미료. 먹어도 될까? 망설이지 않기 위해 보존 기간을 확실히 확인하자.

무말랭이 영양가가 농축된 마른 식품의 대표

영양성분	보존 기간
칼슘, 칼륨, 식이섬유가 풍부하다. 변비 예방에 좋다.	냉암소에서 6개월~1년

상온 & 냉장

보존기간
냉장실에서 상미기한까지

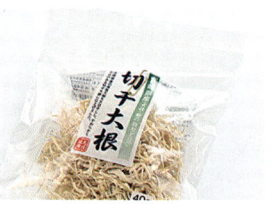

개봉 후는 냉장
개봉 후에는 지퍼백에 넣어 공기를 잘 뺀 다음 냉장실에 보존한다.

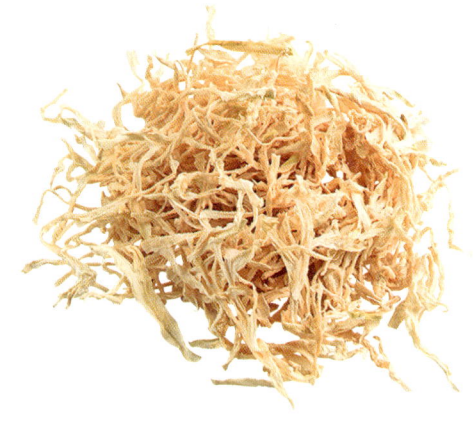

당면 지퍼백에 넣어 밀폐해 냉장보존

영양성분	보존 기간
주로 감자 전분으로 만들어 먹으며 든든하다.	냉암소에서 2년

상온 & 냉장

보존기간
1개월

개봉 후에는 밀폐
개봉 후에는 상하기 쉬우므로 밀폐해 냉장보존을 한다. 빨리 먹는 것이 좋다.

건물

참깨

습기에 약하므로 밀폐용기에 옮겨 담는다.

영양성분	보존 기간
강력한 항산화 작용을 갖는 비타민 E와 리놀산이 풍부하다.	냉암소에서 **6개월**

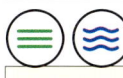
상온&냉장

보존기간
냉장실에서 **1개월**

밀폐용기에 넣어
습기에 약한 식재료이므로 개봉 후에는 밀폐 보존봉지에 넣어 냉장실에 보존한다.

말린 새우

많은 수분이나 기름을 함유하고 있으므로 냉동 보관하는 것이 좋다.

영양성분	보존 기간
응축된 풍부한 칼슘은 골다공증에 효과적이다.	냉암소에서 **6개월**

냉장&냉동

보존기간
냉장실에서 1개월
냉동실에서 2~3개월

건조를 방지한다.
개봉 후에는 건조를 방지하기 위해 냉동용 지퍼백에 넣어 보존한다.

가쓰오부시

산화하기 쉬우므로 밀폐보존이 이상적이다.

영양성분	보존 기간
세포를 활성화하는 이노신산이 풍부해, 신진대사를 촉진한다.	냉암소에서 **6개월**

냉장&냉동

보존기간
냉장실에서 1개월
냉동실에서 2~3개월

밀폐해 냉장 보존
개봉 후에는 향이 나가거나 산화하지 않도록 밀폐해서 냉장실에 보존한다.

PART 5 | 주식 및 기타 식품의 보존법

허브

생허브는 키친타월로 싼다.

파슬리   건조하지 않게 냉장보존을

제철	영양성분	보존 기간
봄 (3~5월) 1 2 3 4 5 6 7 8 9 10 11 12	β-카로틴이 풍부하다. 생활습관병과 미용, 구취 예방에 효과적이다.	채소실에서 1주일

냉장 ○   냉동 ○   상온 ○ (2~3일)   절인다 ✕   말린다 ○

 말린다   보존기간 1개월
 냉동보존   보존기간 1개월
 냉장보존   보존기간 1주일

줄기를 그늘에서 말린다.
잎도 말릴 수 있지만 줄기가 남았다면 그늘에서 말려 끓이는 요리의 향료로 사용한다.

냉동용 지퍼백에 넣어
잎만을 따서 냉동용 지퍼백에 넣고 냉동한다. 냉동한 채 부셔서 조리해도 좋다.

키친타월&비닐봉지에 싸서
키친타월로 싼 다음 비닐봉지에 넣어 세워 보존한다.

바실리코   바실리코 페이스를 모아서

제철	영양성분	보존 기간
여름~가을 (7~9월) 1 2 3 4 5 6 7 8 9 10 11 12	카로틴이 풍부하고 소화촉진, 진해, 정신 피로에 효과적이다.	채소실에서 1주일

냉장 ○   냉동 ○   상온 ○ (2~3일)   절인다 ○   말린다 ○

 말린다   보존기간 1개월
 냉동보존   보존기간 1개월
 냉장보존   보존기간 1주일

한 장씩 말린다.
말려 드라이 바실리코를 만든다. 다 마르면 밀폐용기에 넣어 상온에서 보존한다.

소포장으로 해서
소포장으로 작게 나눠 랩으로 싸서 냉동용 지퍼백에 넣어 냉동실에 보존한다.

키친타월&비닐봉지에 싸서
키친타월로 싼 다음 비닐봉지에 넣어 채소실에서 보존한다.

허브

로즈메리
말리거나 오일에 절여 두면 장기 보존할 수 있다.

제철	영양성분	보존 기간
일년 내내 1 2 3 4 5 6 7 8 9 10 11 12	항균작용, 항바이러스 작용이 있는 로즈메리산이 주성분이다.	채소실에서 1주일

| 냉장 ○ | 냉동 ○ | 상온 ○
(2~3일) | 절인다 ○ | 말린다 ○ |

 절인다 — 보존기간 1개월

 말린다 — 보존기간 1개월

 냉장보존 — 보존기간 1주일

오일 절임
신선한 것이든 말린 것이든 오일에 절여 풍미를 옮긴다.

종이봉투를 밑에 둔다.
가지를 거꾸로 해서 그늘에서 말린다. 건조하면 잎이 떨어지므로 종이봉투를 밑에 두고 말린다.

키친타월&비닐봉지에 싸서
키친타월로 싼 다음 비닐봉지에 넣어 세워서 보존한다.

페퍼민트
꿀에 절이거나 허브티로 마신다.

제철	영양성분	보존 기간
여름~가을 (6~9월) 1 2 3 4 5 6 7 8 9 10 11 12	진정작용이 있어 편두통, 스트레스 케어에 효과적이다. 명치가 쓰리고 아플 때도 효과가 있다.	채소실에서 1주일

| 냉장 ○ | 냉동 ○ | 상온 ○
(2~3일) | 절인다 ○ | 말린다 ○ |

 절인다 — 보존기간 1개월

 말린다 — 보존기간 1개월

 냉동보존 — 보존기간 1개월

 냉장보존 — 보존기간 1주일

꿀 절임
병에 꿀과 함께 넣어 보존한다. 홍차나 디저트로 사용.

잎 끝을 따서 말린다.
뭉쳐 말리면 곰팡이가 생기 쉬우므로 잎 끝을 따서 말린다.

공기를 빼서 냉동
소포장으로 나눠 랩으로 싼 다음 냉동용 지퍼백에 넣어 냉동실에 보존한다.

키친타월&비닐봉지에 싸서
키친타월로 싼 다음 비닐봉지에 넣어 냉장보존한다.

PART 5 | 주식 및 기타 식품의 보존법

가루, 찻잎, 기타
가루나 음료수, 얼음의 바른 보존법을 마스터해 보자.

가루 습기와 냄새를 피해 상온 보존
(밀가루, 전분, 베이킹 파우더, 콘스타치, 쌀가루 등)

상미기간
냉암소에서 박력분, 중력분 1년 강력분 6개월

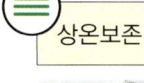 상온보존 냉장실 1~2개월

밀폐용기에 넣는다.
한번 개봉한 후에는 밀폐용기에 넣어 냉암소에 보존하는 것이 최고.

봉지째 밀폐용기에 넣는다.
밀폐용기에 봉투째 넣어 냉암소에 보존한다. 냄새와 습기에 주의.

 memo

빵이 부풀지 않는 이유는?

오래된 밀가루는 효소나 공기 중의 산소 영향으로 단백질 등의 질이 떨어져 글루텐이 잘 만들어지지 않는다.

커피 고온, 습기를 피해 보존
(레귤러 & 인스턴트)

상미기간
냉암소에서 레귤러 1년 인스턴트 3년

인스턴트 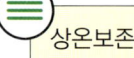 상온보존 보존기간 1개월

레귤러  냉장보존 1주일(가루) 1개월(원두)

 냉동보존 보존기간 3개월

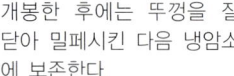   

뚜껑을 닫는다.
개봉한 후에는 뚜껑을 잘 닫아 밀폐시킨 다음 냉암소에 보존한다.

완전 밀폐해 보존한다.
개봉 후에는 밀폐용기에 넣어 냉장실에서 보존한다. 냄새 차단.

한 잔 분량씩 랩으로 싼다.
한 잔 분량씩 랩으로 싼 다음 냉동용 지퍼백에 넣어 밀폐 보존한다.

가루·찻잎, 기타

찻잎

(녹차, 홍차 등)
냉동하면 오래간다.

상미기간

냉암소에서
녹차 6개월
홍차 1~2년

상온 & 냉장

보존기간
냉장실에서 2주일(녹차)
1개월(홍차)

냉동 보존

보존기간
냉장실에서 3개월(녹차)
1년(홍차)

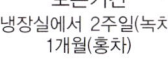

개봉 후에는 밀폐를.
개봉한 후에는 지퍼백에 넣어 밀폐 또는 캔이나 병에 넣는다.

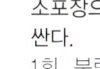

소포장으로 나눠 랩으로 싼다.
1회 분량씩 랩으로 싼 다음 냉동용 지퍼백에 넣어 밀폐 보존한다.

보리차 팩

밀폐 지퍼백에 넣어
냉장하는 것이 좋다.

상미기간

냉암소에서
1년

냉장 & 냉동

보존기간
냉장실에서 6개월
냉동실에서 1년

냉장 보존

보존기간
냉장실에서 3일

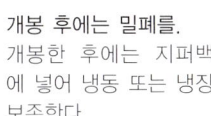

개봉 후에는 밀폐를.
개봉한 후에는 지퍼백에 넣어 냉동 또는 냉장 보존한다.

끓여서 냉장.
포트에 넣어 끓인 다음 냉장보존한다. 물을 넣어 양을 늘린 것은 당일 중에 마신다.

물 & 얼음

물은 잡균이 들어가지
않게 냉장

상미기간

냉암소에서
물/냉암소에서 1~3년
얼음/냉동실에서 1주일

상온 & 냉장

보존기간
냉장실에서 2일~1주일

냉동 보존

보존기간
1주일

개봉 후에는 냉장실에 보존.
개봉 전에는 냉암소에 보존한다. 개봉한 후에는 반드시 냉장실에 보존한다.

냉동용 지퍼백에 넣어.
집에서 얼린 얼음은 냉동용 지퍼백에 넣어 보존한다. 얼음이 작아지지 않는다.

PART 5 | 주식 및 기타 식품의 보존법

조미료 | 잘 보존해 다 사용한다.

소금

상온 보존

보존기간 무기한

상미기간

냉암소에서 **무기한**

밀폐용기에 넣는다.
밀폐용기에 넣는다.
냉암소 보존이 최고.

전자 레인지에서 가열.
굳었다면 랩으로 싸지 않고 전자 레인지에서 15~20초 가열한다.

설탕

상온 보존

보존기간 무기한

상미기간

냉암소에서 **무기한**

밀폐용기에 넣는다.
밀폐용기에 넣어 냉암소에 보존한다.

물을 뿌린다.
설탕이 굳었다면 물을 뿌려 밀폐해 둔다.

간장

상온 & 냉장

보존기간 냉장실에서 1개월

상미기간

냉암소에서 **1년 반**

냉장실에서 보존
개봉 후에는 냉장실에 넣어 보존한다. 개봉 전에는 냉암소가 최적.

간장그릇
큰 간장병은 간장 그릇에 옮긴다.

된장

냉장 보존

보존기간 2개월

상미기간

냉암소에서 **3~6개월**

항상 밀폐를.
공기에 접촉하면 질이 떨어진다. 개봉 후에는 밀폐용기에 넣어 냉장실에 보존한다.

표면을 평평하게.
사용할 때마다 표면을 평평하게 해둔다. 랩으로 잘 덮는다.

조미료

미림

상온 & 냉장

보존기간
냉암소에서 3개월
냉장실에서 3개월

상미기간

냉암소에서 1년 반

냉암소에서 보존
개봉 후에는, 병에 든 미림은 냉암소에 보존한다.

식초

상온 냉장

보존 기간 (개봉 후)
6개월

상미기간

냉암소에서
2년

냉암소에서 보존
개봉 후에는 뚜껑을 닫아 냉암소에 보존한다. 즙을 짜서 만든 식초는 냉장 보존한다.

마요네즈

상온 & 냉장

보존 기간 (개봉 후)
냉장실에서 1개월

상미기간

냉암소에서
10개월

공기를 빼고 보존
튜브 안의 공기를 빼서 산화를 막는다.
개봉 후에는 냉장실에 보존한다.

요리용 술

상온 & 냉장

보존 기간 (개봉 후)
냉장실에서 2개월

상미기간

냉암소에서
9개월~1년

개봉 후에는 냉장 보존한다.
요리용 술은 보관료가 들어 있으므로 개봉한 후에는 마개를 덮어 냉장 보존한다.

토마토 케첩

상온 & 냉장

보존 기간 (개봉 후)
냉장실에서 1개월

상미기간

냉암소에서
1년 반~2년

개봉 후에는 냉장실에 보존한다.
개봉한 후에는 냉장실에 보존. 표면에 물이 나와 있어도 잘 흔들면 괜찮다.

카레 루

상온 & 냉장

보존 기간 (개봉 후)
냉장실에서 3개월

상미기간

냉암소에서
1년 반

개봉 후에는 냉장실에 보존한다.
개봉한 후에는 랩으로 싼 다음 지퍼백에 넣어 냉장실에 보존한다.

PART 5 | 주식 및 기타 식품의 보존법

레몬즙 100%

상온 & 냉장

보존 기간
냉장실에서
1~2주일

상미기간

냉장소에서
9개월

냉장실에 보존한다.
개봉한 후에는 뚜껑을 잘 덮어 냉장실에 넣어 보존한다. 맛도 그다지 떨어지지 않는다.

머스터드

상온 & 냉장

보존 기간 (개봉 후)
냉장실에서 1개월

상미기간

냉암소에서
7개월~1년 반

개봉 후에는 냉장실에 보존한다.
개봉한 후에는 뚜껑을 닫아 냉장실에 넣어 보존한다. 분리되면 휘저어 섞으면 된다.

분말 육수

상온 보존

보존 기간 (개봉 후)
2개월

상미기간

냉암소에서
1년

밀폐용기에 넣는다.
개봉한 후에는 입구를 접어 건조제와 함께 밀폐용기에 넣어 보존한다.

화학 조미료

상온 보존

보존 기간 (개봉 후)
무기한

상미기간

냉암소에서
무기한

밀폐용기에 넣는다.
봉지의 경우에는 밀폐용기에 넣어 보존한다.

꿀

상온 보존

보존 기간 (개봉 후)
상미기한까지

상미기간

상온에서
2년

뚜껑을 잘 닫는다.
보존성이 높으므로 뚜껑을 잘 닫아 밀폐한 다음 상온에서 보존한다.

식용유, 참기름, 올리브 오일

상온 보존

보존 기간 (개봉 후)
1~2개월

상미기간

냉암소에서
1~2년

상온 또는 냉암소
공기에 접촉하지 않게 확실히 뚜껑을 닫아 냉암소에 보존한다.

조미료

고기 양념

상온 & 냉장

보존 기간 (개봉 후)
냉장실에서 2주일

상미기간

냉암소에서
1년

뚜껑을 잘 닫아.
개봉한 후에는 발효되기 쉬우므로 뚜껑을 잘 닫아 냉장 보존한다.

드레싱

상온 & 냉장

보존 기간 (개봉 후)
냉장실에서 1개월

상미기간

냉암소에서
3~6개월

개봉 후에는 냉장실에 보존한다.
개봉한 후에는 냉장실에 보존한다. 가열하지 않은 것은 개봉 전에도 냉장 보존한다.

양념 튜브

상온 & 냉장

보존 기간 (개봉 후)
냉장실에서 1개월

상미기간

냉암소에서
9개월~1년

입구 주위를 닦는다.
튜브 입구를 닦고 공기를 뺀 다음 뚜껑을 덮어 냉장실에 넣어 보존한다.

소스

상온 & 냉장

보존 기간 (개봉 후)
냉장실에서 1~2개월

상미기간

냉암소에서
2년

개봉 후에는 냉장실에 보존한다.
개봉한 후에는 뚜껑을 잘 닫아 냉장실에 넣어 보존하는 것이 기본이다.

피넛 버터

냉장 보존

보존 기간 (개봉 후)
냉장실에서 2개월

상미기간

냉암소에서
1년 반

냉장실에 보관한다.
개봉한 후에는 뚜껑을 잘 닫아 냉장실에 넣어 보존한다.

잼

상온 & 냉장

보존 기간 (개봉 후)
냉장실에서 1개월

상미기간

냉암소에서
2년

개봉 후에는 냉장실에 보존한다.
개봉 전에는 상온 보존. 개봉한 후에는 뚜껑을 잘 닫아 냉장실에 넣어 보존한다.

찾아보기

【ㄱ】

가다랭이 · 155
가루 치즈 · 214
가루 · 246
가리비 · 194
가마보코 · 228
가막조개 · 196
가쓰오부시 · 243
가지 · · · · · · · · · · · · · · · · · 13, 19, 27, 30, 82
간 · 19, 172
간장 · 248
감자 · · · · · · · · 12, 16, 26, 27, 31, 34, 39, 102
강낭콩 · 73
경수채(水菜) · 26, 54
고구마 · · · · · · · · · · · · · · · 26, 27, 34, 39, 98
고기 양념 · 251
곤약 · 16, 231
국수 · 237
귤 · 136
기름에 튀긴 두부 · 224
깍뚝썬 고기 · 168
꼬치어묵 · 228
꿀 · 250

【ㄴ】

나도팽나무버섯 · 109
낙지 · 155
낫토 · 226
내추럴 치즈 · 215
녹차 · 247
누에콩 · 26, 39, 61

【ㄷ】

다다기호박 · 76
다시마 · 183, 189
단호박 · · · · · · · · · · · · · · · 26, 34, 35, 39, 64
달걀 · 204, 206, 212
닭가슴살 · 144, 164
닭고기 · 164
닭허벅지살 · 146, 164
당근 · · · · · · · · · · 14, 19, 22, 26, 27, 39, 94
당면 · 242
대구 · 155, 185
도미 · 185
돈가스 · 160
돼지고기 · 160
된장 · 248
두부 · · · · · · · · · · · · · · · · · · · 209, 211, 222
두유 · 226
드레싱 · 251
딸기 · 124

【ㄹ】

레몬 · 128
레몬즙 · 250
로즈메리 · 245

【ㅁ】

마가린 · 220
마늘 · 13, 26, 27, 114
마요네즈 · 249
말린 새우 · 243
머스터드 · 250
메밀국수 · 236, 237
멜론 · 31, 135

찾아보기

면(국수) · 236
명란젓 · 201
모로헤이야 · 26, 55
무 · · · · · · · · · · · · · · · 18, 19, 27, 39, 92, 113
무말랭이 · 242
물 · 247
미림 · 249
미역 · 183
밀가루 · 246

【ㅂ】
바나나 · · · · · · · · · · · · · · · · · 12, 13, 30, 134
바실리코 · 244
바지락 · 196
바게트 빵 · 240
밥 · 234
방어 · 186, 188
배추 · · · · · · · · · · · · · · · · 19, 26, 27, 39, 50
뱅어 · 199
버터 · 220
베이컨 · 176
보리차 팩 · 247
부추 · 26, 27, 39, 48
분말 육수 · 250
브로콜리 · · · · · · · · · · · · · · 18, 27, 31, 39, 86
블루 치즈 · 215
빵 · 240

【ㅅ】
사과 · · · · · · · · · · · · · · 129, 31, 34, 103, 138
새송이버섯 · 108
새우 · 192, 202
생강 · 24, 27, 116
생선회 · 188
생크림 · · · · · · · · · · · · · · · · · · 208, 210, 219
설탕 · 248

셀러리 · 27, 74
소금 · 248
소송채 · 14, 42
소스 · 251
소시지 · 176
수박 · 133
숙주나물 · 26, 120
순무 · 19, 27, 88
스테이크용 고기 · · · · · · · · · · · · · · · · · 168
슬라이스 치즈 · 214
시금치 · · · · · · · · · · · · · · 14, 27, 32, 39, 52
시리얼 · 241
식빵 · 240
식용류 · 250
식초 · 249
쌀 · 234
쑥갓 · 44

【ㅇ】
아보카도 · · · · · · · · · · · · · · · · · · 31, 39, 122
아스파라거스 · · · · · · · · · · · · · · · · · 26, 58
얇게 썬 고기 · 168
얇게 저민 고기 · · · · · · · · · · · · · · · · · · · 168
양념 튜브 · 251
양배추 · · · · · · · · · · · · · 19, 27, 33, 34, 39, 40
양상추 · · · · · · · · · · · · · · 14, 27, 34, 56, 140
양송이 · 109
양파 · · · · · · · · · · · · · · · · 13, 14, 25, 26, 78
어묵튀김 · 229
얼린 두부 · 226
얼음 · 247
여주 · 70
연근 · 96
연어 · 157, 184
오렌지 · 126
오이 · · · · · · · · · · · · · 12, 19, 27, 30, 34, 39, 68

253

찾아보기

오징어 · 150, 155, 190
오크라 · 26, 27, 62
옥수수 · 26, 39, 77
올리브 오일 · 250
요구르트 · 217
요리용 술 · 249
우동 · 236, 237
우엉 · · · · · · · · · · · · · · · 12, 13, 14, 26, 34, 90
우유 · 16, 218
유부 · 224
유자 · 129
이크라 · 200
잎새버섯 · 108

【ㅈ】
자몽 · 132
잡곡 · 234
장어 구이 · 198
잼 · 251
전갱이 · 152,180
정어리 · 181
중화면 · 237

【ㅊ】
참기름 · 250
참깨 · 243
참마 · 39, 104
참새치 · 186
참치 · 155, 188
청경채 · 36, 46
청대 완두 · 72
치즈 · 214

【ㅋ】
카레 루 · 249
카망베르 치즈 · 215

커피 · 246
코티지 치즈 · 215
콜리플라워 · 39, 66
쿠키 반죽 · 232
키위 · 29, 31, 131

【ㅌ】
토란 · 26, 100
토마토 · · · · · · · · 12, 13, 18, 27, 28, 30, 34, 80
토마토 케첩 · 249

【ㅍ】
파 · 118
파스타 · 236, 237
파슬리 · 27, 244
파프리카 · 84
팽이버섯 · 107
페퍼민트 · 245
표고버섯 · 14, 18, 106
풋콩 · 26, 60
프로세스 치즈 · 214
피넛 버터 · 251
피망 · 27, 39, 84
피자용 치즈 · 215

【ㅎ】
한펜 · 229
해송이버섯 · 107
햄 · 176
햄버그 스테이크 · · · · · · · · · · · · · · · · · · 156, 158
홍차 · 247
화학 조미료 · 250

감수자 소개

도쿠에 지요코 [德江 千代子]

전 도쿄농업대학(東京農業大學) 교수. 농예화학 박사. 식품가공기술센터 원장을 지냈다. 현재는 '식품의 보존과 가공식품에 대한 연구'를 하고 있으며, 각종 미디어에서 채소와 과일의 성분, 영양, 보존 방법, 식품의 유통기한 및 보존 방법을 알려주는 식품 전문가로 활약 중이다.

저서로는「채소가 최고」가 있으며,「상미기한을 알 수 있는 책」(宝島社),「야채와 과일을 안심하고 먹을 수 있는 지혜」(二見書店),「편리한 야채의 저장 노트」(大泉書店) 등을 감수했다.

알뜰한 살림을 위한 더 맛있고 오래 가는
식품 보존 방법

2016. 8. 25. 초 판 1쇄 발행
2016. 11. 24. 초 판 2쇄 발행
2017. 8. 30. 초 판 3쇄 발행
2019. 4. 19. 초 판 4쇄 발행
2024. 1. 31. 초 판 5쇄 발행

감수 | 도쿠에 지요코
옮긴이 | 김선숙
펴낸이 | 이종춘
펴낸곳 | BM (주)도서출판 성안당

주소 | 04032 서울시 마포구 양화로 127 첨단빌딩 3층(출판기획 R&D 센터)
     | 10881 경기도 파주시 문발로 112 파주 출판 문화도시(제작 및 물류)
전화 | 02) 3142-0036
     | 031) 950-6300
팩스 | 031) 955-0510
등록 | 1973. 2. 1. 제406-2005-000046호
출판사 홈페이지 | www.cyber.co.kr
ISBN | 978-89-315-7966-6 (13590)
정가 | 19,000원

이 책을 만든 사람들
책임 | 최옥현
진행 | 김해영
교정·교열 | 이태원
본문 디자인 | 김인환
표지 디자인 | 박원석
홍보 | 김계향, 유미나, 정단비, 김주승
국제부 | 이선민, 조혜란
마케팅 | 구본철, 차정욱, 오영일, 나진호, 강호묵
마케팅 지원 | 장상범
제작 | 김유석

이 책의 어느 부분도 저작권자나 BM (주)도서출판 성안당 발행인의 승인 문서 없이 일부 또는 전부를 사진 복사나 디스크 복사 및 기타 정보 재생 시스템을 비롯하여 현재 알려지거나 향후 발명될 어떤 전기적, 기계적 또는 다른 수단을 통해 복사하거나 재생하거나 이용할 수 없음.

※ 잘못된 책은 바꾸어 드립니다.

SHOKUHING NO HOZONTEKU
Copyright © 2015 Asahi Shimbun Publications Inc., All rights reserved.
Original Japanese edition published in Japan by Asahi Shimbun Publications Inc., Japan.
Korean translation rights arranged with Asahi Shimbun Publications Inc., Japan through Imprima Korea Agency.
Korean translation Copyright © 2016-2024 by Sung An Dang, Inc.
All rights reserved.

이 책의 한국어 판 저작권은 Imprima Korea Agency를 통해 Asahi Shimbun Publications Inc.와의 독점계약으로 BM (주)도서출판 성안당에 있습니다.
저작권법에 의해 한국 내에서 보호를 받는 저작물이므로 무단전재와 무단복제를 금합니다.